La gran Depresión

Una Fascinante Guía de la Depresión Económica Mundial Que Comenzó en los Estados Unidos, Incluyendo El Colapso De Wall Street, El Nuevo Acuerdo de FDR, El Ascenso de Hitler y Más

© Copyright 2020

Todos los Derechos Reservados. Ninguna parte de este libro puede reproducirse de ninguna forma sin el permiso por escrito del autor. Los críticos pueden citar breves pasajes en sus revisiones.

Descargo de responsabilidad: Ninguna parte de esta publicación puede reproducirse o transmitirse de ninguna forma o por ningún medio, mecánico o electrónico, incluida fotocopia o grabación, o por cualquier sistema de almacenamiento y recuperación de información, o transmitirse por correo electrónico sin el permiso por escrito del editor.

Si bien se han hecho todos los intentos para verificar la información provista en esta publicación, ni el autor ni el editor asumen ninguna responsabilidad por errores, omisiones o interpretaciones contrarias al tema en este documento.

Este libro es solo para fines de entretenimiento. Las opiniones expresadas son solo del autor, y no deben tomarse como instrucciones o directivas de un experto. El lector es responsable de sus propias acciones.

El cumplimiento de todas las leyes y regulaciones aplicables, incluidas las leyes internacionales, federales, estatales y locales que rigen las licencias profesionales, las prácticas comerciales, la publicidad y todos los demás aspectos de hacer negocios en los EE. UU., Canadá, el Reino Unido o cualquier otra jurisdicción es responsabilidad exclusiva del comprador o lector.

Ni el autor ni el editor asumen responsabilidad alguna de estos materiales por parte del comprador o lector. Cualquier falta de respeto percibida por cualquier individuo u organización es totalmente involuntaria.

Tabla de Contenidos

INTRODUCCIÓN 1

CAPÍTULO 1: CAUSAS DE LA GRAN DEPRESIÓN 1918-1929 4

CAPÍTULO 2: HERBERT HOOVER Y LOS PRIMEROS AÑOS DE LA DEPRESIÓN 11

CAPÍTULO 3: LAS ELECCIONES DE 1932 16

CAPÍTULO 4: LOS 100 DÍAS Y EL PRIMER MANDATO DE FDR, 1933-1937 20

CAPÍTULO 5: SEGUNDO MANDATO DE FDR: DESAFÍOS Y CRÍTICAS.28

CAPÍTULO 6: LA CULTURA DE LA DEPRESIÓN 35

CAPÍTULO 7: EL DEPORTE Y LA GRAN DEPRESIÓN 46

CAPÍTULO 8: LA CELEBRIDAD FUERA DE LA LEY EN LA GRAN DEPRESIÓN 55

CAPÍTULO 9: CAMBIOS DE LA POBLACIÓN Y LA CULTURA DE LA GRAN DEPRESIÓN 61

CAPÍTULO 10: PROBLEMAS Y PREOCUPACIONES INTERNACIONALES DURANTE LA DEPRESIÓN 69

CAPÍTULO 11: LA TORMENTA QUE SE AVECINA Y EL FINAL DE LA DEPRESIÓN 82

CONCLUSIÓN 91

REFERENCIAS 94

Introducción

El colapso del mercado de valores de 1929 no provocó la Gran Depresión en sí misma, pero fue un poderoso punto de partida simbólico para el mayor desastre económico del siglo XX. En ese oscuro día de octubre de 1929, se perdieron fortunas y el temor a la inseguridad financiera aumentó en todo Estados Unidos y el mundo. En 1932, el punto más profundo de la Depresión, un tercio de los estadounidenses no tenía trabajo e incluso había más gente desempleada que en otros países. El mercado de valores llegaría a su punto más bajo y no alcanzaría los niveles previos a la depresión sino después de casi veinte años.

La magnitud de la crisis exigía nuevas formas de afrontarla y nuevas ideas sobre el papel del gobierno. Las ideas que habían dominado el pensamiento estadounidense sobre la relación entre la economía y el gobierno en el mejor de los casos ahora se consideraban obsoletas, y peligrosas en el peor. Nociones como el laissez faire y los hombres autodidactas fueron eclipsadas por las ideas de regulación gubernamental y participación comunitaria. Franklin D. Roosevelt más que cualquier otra persona en los Estados Unidos y su Nuevo Acuerdo, cambió el gobierno de los Estados Unidos de manera fundamental.

Ese sentido de comunidad ayudó a muchos estadounidenses a lidiar con las duras realidades de la Depresión. Los ciudadanos se unieron a numerosos grupos y partidos políticos en un esfuerzo por sentirse útiles nuevamente. El gobierno también alentó dicha organización y muchas profesiones recibieron dinero del gobierno para fomentar el armado comunitario.

Los ciudadanos no solo se unirían a grupos que buscaban un propósito y una conexión con sus semejantes, sino que también volvían la mirada hacia las tradiciones e instituciones culturales para tratar de identificar lo que significaba ser estadounidense, especialmente en un momento de tanta incertidumbre. Aunque fue un momento extraordinario en cuanto a las dificultades, la era de la Gran Depresión destacó por una cultura vibrante. Puede ser que haya sido difícil encontrar trabajo y dinero, pero la gente todavía veía películas y escuchaba programas de radio. Leían libros e iban a salones de baile. En resumen, la gente todavía encontraba formas de entretenerse incluso en las circunstancias más difíciles.

La cultura de la Depresión adquiriría múltiples características. En algunos casos, fue una crítica de la sociedad estadounidense, especialmente del capitalismo y la cultura consumista de la década anterior. En otros casos, hubo un impulso para descubrir la verdadera América, una América rural idealizada y tradicional cuando la vida era más simple y la gente estaba menos preocupada por los bienes materiales manufacturados. Un aspecto final del paisaje cultural de la Depresión fue un impulso para escapar de los problemas del presente. Fantasías salvajes y sorprendentes vuelos de la imaginación fueron algunas de las piezas más populares producidas durante la época.

El colapso financiero de los Estados Unidos se extendió y profundizó la crisis en todo el mundo, especialmente en Europa occidental. El continente todavía se estaba recuperando de la Primera Guerra Mundial cuando se produjo la Gran Depresión. Alemania fue especialmente afectada por la crisis económica. La capacidad de esa nación para pagar su deuda de guerra, difícil en el mejor de los casos, dejó de existir durante la Depresión. El nuevo gobierno de Weimar se dedicó a la democracia, pero a medida que las circunstancias continuaron deteriorándose, nuevos movimientos más oscurantistas se extendieron por toda Alemania. Finalmente, Alemania fue consumida por un mal que sumiría al mundo en su guerra más grande.

Fue la batalla para frenar la amenaza fascista la que finalmente terminaría con la Gran Depresión. La recuperación económica había sido lenta durante gran parte de la década de 1930, pero mientras Europa se preparaba para la Segunda Guerra Mundial, la industria estadounidense satisfaría la demanda de sus aliados. Cuando Estados Unidos se vio envuelto en la guerra por el ataque a Pearl Harbor, la Gran Depresión no era más que un recuerdo.

No obstante, ese recuerdo, impactaría a toda una generación de estadounidenses. Después de la Segunda Guerra Mundial, la gente todavía tenía una mentalidad de escasez. Las políticas públicas también fueron impulsadas por el temor a que otra depresión comenzara una vez que los impulsos económicos generados por la guerra desaparecieran y reapareciese otra desaceleración económica. Mantener a los estadounidenses trabajando fue la política doméstica número uno después de la guerra. Cuando los soldados llegaban a su hogar desde Europa, la esperanza era que encontrarían un trabajo.

Si bien esto no sucedió, el gobierno hizo posible que miles de integrantes de las fuerzas armadas asistieran a la universidad y aplazaran el desempleo. Desafortunadamente, a medida que el tiempo entre el presente y la Depresión se vuelve más y más distante, algunas de las lecciones de la época se han olvidado casi. Si bien aún existen políticas y organismos para prevenir otra depresión en toda regla, se están produciendo algunas de las mismas prácticas, o muy similares. Los comportamientos comerciales arriesgados, los desafíos a la democracia y los cambios en la economía manufacturera apuntan a un futuro muy incierto.

Capítulo 1: Causas de la Gran Depresión 1918-1929

La Gran Depresión no ocurrió de la noche a la mañana, sino que fue gestándose durante una década. Se puede presentar como un evento de un período aún más largo, centrándose en la naturaleza de auge y caída de la economía estadounidense durante los siglos XIX y XX.

Es mejor dejar esta discusión a la historia económica. En lugar de un examen tan macro de los orígenes de la Gran Depresión, por razones de brevedad, este trabajo se centra en los acontecimientos desde el final de la Primera Guerra Mundial hasta finales de 1929 para arrojar luz sobre lo que condujo a la gran crisis económica mundial del siglo XX.

El Tratado de Versalles, que pusiera fin a la Primera Guerra Mundial, tuvo muchas consecuencias no deseadas, incluido el efecto sobre la economía global. Una de las disposiciones clave del tratado fue que Alemania no solo fue considerada totalmente responsable de la guerra, sino que fue la principal nación en pagar reparaciones a las naciones aliadas. Alemania ya se estaba recuperando de la derrota militar y el colapso de su gobierno, pero su economía fue destruida por la guerra. Dentro de Alemania, el hambre era una preocupación real. Para empeorar aún más la situación, otra disposición clave del tratado fue la confiscación de territorio alemán clave. La nación no solo se redujo en un tercio, sino que gran parte de la tierra que le quitaron constituía el corazón de la manufactura alemana. Pedirle a Alemania que reembolsara una suma tan grande de dinero era una condición imposible que nunca se cumpliría.

Eso no impediría que los aliados, especialmente Francia y Gran Bretaña, exigieran el pago. Parte de la razón por la cual los franceses y los británicos fueron implacables en obtener su dinero de Alemania fue porque Estados Unidos exigió el reembolso de los préstamos que había otorgado a las potencias aliadas. Los alemanes estaban paralizados por la cantidad de dinero que necesitaban para pagar a los aliados, y aunque Francia y Gran Bretaña no estaban en una situación tan grave, la deuda que tenían después de la guerra también era un lastre para sus economías.

La solución descansaba en los Estados Unidos y su disposición a perdonar la deuda de guerra. Desafortunadamente para todas las naciones europeas, Estados Unidos no cedería. Cuando se le preguntó al presidente de los Estados Unidos, Calvin Coolidge, sobre perdonar la deuda europea, respondería: "Pidieron prestado el dinero, ¿no? Pues necesitan devolverlo". El efecto a largo plazo de esta postura fue retrasar el crecimiento económico global. Aunque gran parte de la economía de los Estados Unidos se mantuvo sana durante la década de 1920, los límites a los mercados extranjeros, debido a sus respectivas deudas nacionales eventualmente perjudicaron a la economía de los Estados Unidos.

El primer segmento de la economía en sentir los efectos de la desaceleración mundial fue la agricultura. El final de la guerra vio caer la demanda de productos agrícolas estadounidenses, debido a que las naciones europeas se centraron en revivir su propia agricultura y en depender menos de la ayuda externa. La reducción de la demanda fue tan severa que los agricultores sufrieron grandes pérdidas durante gran parte de la década de 1920. El Senado de Estados Unidos trató de ayudar a los agricultores mediante la fijación de los precios de ciertos productos agrícolas, la provisión de fondos a los agricultores para *no* cultivar en ciertos casos, y al gobierno para comprar excedentes de producto para vender en el mercado internacional. En dos ocasiones, Calvin Coolidge vetó la medida, argumentando que dichas medidas eran antiamericanas.

El resto de la economía estadounidense se mantuvo relativamente fuerte durante la década de 1920, pero las industrias clave mostraban signos de desaceleración a mediados de la década. Las industrias del carbón y del acero, dos de las más grandes de la economía, estaban reduciendo la producción en gran parte porque los ferrocarriles de la nación no se expandían al mismo ritmo que lo habían hecho. Además, estaban experimentando una disminución en la cantidad de pasajeros debido al aumento en el número de automóviles. La construcción de nuevas viviendas, un indicador común de la salud económica también disminuyó entre 1925 y 1929. La desaceleración de cuatro industrias que empleaban miles de trabajadores fue una señal de advertencia de que el auge que experimentaba la economía estadounidense podría estar llegando a su fin.

Sin embargo, otras industrias, especialmente la naciente industria automotriz, estaban en auge. La conversión de una economía de tiempos de guerra a una economía más centrada en el consumidor experimentó un enorme crecimiento. La gente compraba muchos productos nuevos y novedosos que los fabricantes estadounidenses estaban muy contentos de seguir produciendo. Los automóviles antes mencionados establecían continuamente que tenían récords de ventas. Otros productos para el hogar como refrigeradores, radios y lavadoras de ropa eran nuevos para los estadounidenses, y muchos se alegraron de tener estas comodidades modernas.

Para obtener estos nuevos productos, más gente que nunca estaba comprando productos a crédito. A diferencia de las generaciones anteriores, tener deudas personales no se consideraba un peligro en particular. Existía mucha confianza en que la economía, y lo más importante, los empleos, seguirían siendo abundantes. A medida que las principales industrias comenzaron a disminuir su producción, el uso del crédito también disminuyó. En la última parte de la década, el gasto de los hogares se redujo significativamente, especialmente porque, aunque las ganancias aún eran grandes para las corporaciones, los salarios aumentaban de manera insignificante. La producción de bienes de consumo no disminuiría al mismo ritmo, y al igual que la agricultura, a fines de la década se estaba produciendo un excedente. Sin embargo, con menos dinero para gastar y menos disposición para usar el crédito, la producción a gran escala era insostenible a largo plazo.

El uso del crédito también fue un factor importante en el crecimiento de otra parte de la economía, el mercado de valores. Antes de la década de 1920, el mercado era en gran medida privativo de la clase alta. En la década de 1920, la clase media estadounidense comenzó a invertir. Para muchos, hacer una inversión requería más dinero del que tenían disponible. La práctica de comprar con margen, donde uno compra acciones con un cierto porcentaje del dinero proveniente de un préstamo, fue utilizada por inversores más pequeños para ingresar al mercado. Un inversor podía hacer una compra de acciones con hasta un 70 por ciento de dinero prestado, o un 70 por ciento de margen. Si la inversión aumentara, el margen se devolvería, y el resto del rendimiento iría al comprador. Si la inversión no aumentaba, no solo se perdía la participación personal, sino también el dinero prestado, que aún tenía que devolverse.

A la difusión de la participación en el mercado se sumaría la práctica de especular. Para muchos nuevos inversores, había muy poca investigación sobre las empresas en las que se invertía el dinero. Al igual que la especulación inmobiliaria en el siglo XIX, donde los compradores a menudo ni siquiera sabían la ubicación del terreno que estaban comprando, los nuevos inversores sabían muy poco acerca de las empresas que los financiaban. Dichas inversiones de alto riesgo estaban bien hechas si el mercado continuaba subiendo, pero si el mercado se desaceleraba o empeoraba, mucha gente se quedaría sin dinero.

La volatilidad del mercado en el otoño de 1929 para mucha gente fue más preocupante que nunca. El dominio exclusivo de los corredores y los bancos de inversión se había convertido en la preocupación de la clase media. Los bancos que prestaban dinero para compras por contribución marginal también estaban más preocupados por el comportamiento del mercado que en generaciones anteriores. Solo se necesitaría un descenso especialmente profundo para provocar grandes dificultades a muchos estadounidenses.

Cuando Herbert Hoover asumió la presidencia en marzo de 1929, expresó su optimismo sobre el futuro de la nación. La economía estaba en constante crecimiento y no había necesidad de preocuparse por las cosas que iban mal. Hacia finales de año, era evidente que algo andaba muy mal en el mercado de valores y en la economía en general.

La recesión que unos pocos economistas esperaban comenzaría el jueves 24 de octubre. Sin embargo, cuando se inició una gran liquidación, los inversores temían que el mercado cayera en demasía. Para evitar una caída aún más fuerte, JP Morgan inundó el mercado con una gran cantidad de dinero. La estratagema pareció funcionar. Después de la inyección de efectivo por Morgan, el mercado se estabilizó.

Sin embargo, solo fue una solución temporal. Al día siguiente, el mercado cayó nuevamente, pero esta vez Morgan no pudo rescatarlo. El fin de semana dio un respiro, pero el lunes se produjo otra retracción. El martes 29 de octubre de 1929, se vio la mayor cantidad de acciones negociadas en la historia en el mercado de valores. El volumen de las pérdidas fue asombroso. Los agentes de bolsa vendían con grandes descuentos con la esperanza de recuperar algo de dinero. Al final, solo empeoró la situación. Mientras más gente vendía con pérdidas, más inversores querían salir de la pésima situación. Al final del día, conocido como Martes Negro, el mercado había caído casi 14.000 puntos. Fue la mayor pérdida (y sigue siendo en porcentaje) en la historia de Wall Street.

El martes negro provocaría grandes temblores en toda la economía y la sociedad, pero la gente y las instituciones todavía no habían entrado en pánico. Las olas necesitaban tiempo para expandirse. En primer lugar, aquellos que habían estado comprando con margen estaban en una situación difícil, necesitando pagar sus préstamos. Al sufrir grandes pérdidas hizo que pagar los préstamos fuera extremadamente difícil, si no imposible. Sin la devolución del dinero prestado, los bancos comenzaron a sentir el problema y el mantenerse solventes para las actividades cotidianas se convirtió en un problema. Algunos bancos se vieron obligados a cerrar por al déficit. A medida que las noticias y los rumores giraban en torno a la salud del sistema bancario, más y más personas perdieron la fe en sus respectivos bancos y comenzaron a retirar su dinero. Fue un ciclo destructivo. Cuanta más gente corría a los bancos, exigiendo la devolución de su dinero que creyeron que estaba seguro, causó la quiebra de más bancos. Para 1932, más de 5.000 bancos habían quebrado.

La corrida de los bancos aceleró la espiral descendente de la economía. El gasto ya se había vuelto más lento, pero ahora con los ahorros de toda la vida eliminados, el gasto discrecional era prácticamente inexistente. Las empresas comenzaron a despedir a un gran número de trabajadores para tratar de reducir las pérdidas corporativas que comenzaban a verse. Mientras las empresas despedían gente, también recortaban salarios y horas de trabajo. Lo que muchos creían que era solo una corrección más violenta de lo habitual de la economía ahora se veía como una recesión importante. A medida que el desempleo comenzaba a aumentar, para muchas familias cubrir los gastos del hogar se convirtió en una preocupación urgente. En circunstancias tan duras, la gente necesitó ayuda de fuentes externas. Se dirigieron a sociedades benéficas, iglesias, organizaciones vecinales y agencias gubernamentales. A medida que la crisis se profundizaba, los ciudadanos pidieron al gobierno que hiciera más. La respuesta a este llamado definiría gran parte de la presidencia de Herbert Hoover.

Capítulo 2: Herbert Hoover y los Primeros Años de la Depresión

El nombre de Herbert Hoover es sinónimo de fracaso. Fue durante su presidencia que ocurrió la peor crisis económica en la historia de Estados Unidos. Justo o no, Hoover fue juzgado duramente por sus contemporáneos y por las generaciones posteriores. A pesar de que muchas de las causas de la Gran Depresión venían gestándose durante años, Hoover cargaría con toda la responsabilidad. No ayudó que las soluciones que él y su administración ofrecieron no funcionaran o fracasaran por completo. A menudo, el tratamiento por parte del gobierno federal de aquellos que estaban en una situación desesperada se consideró frío, indiferente e incluso cruel. Es esta descripción, de ser indiferente, la que posiblemente sea la más injusta atribuida a Hoover. Tenía un origen humilde, habiendo crecido pobre en el Medio Oeste. También era un hombre muy religioso que creía firmemente en el carácter progresista de la generación anterior de ser útiles a sus conciudadanos. Su progresismo era del tipo republicano y, como Roosevelt y Taft, todavía lo veía como un objetivo para elevar al pueblo. En 1928 se hizo famoso por decir que dentro de una década la pobreza podría ser eliminada de los Estados Unidos.

Después de una visita a la Alemania de la posguerra, Hoover contribuiría decisivamente a que se levantara el bloqueo aliado sobre Alemania y se llevara la comida que tanto necesitaba la gente de esa nación. Hoover creía en ayudar a otros, incluso a antiguos enemigos, si la necesidad era grande y más allá de la habilidad de aquellos que sufrían. También creía con la misma firmeza que ofrecer demasiada ayuda era moralmente incorrecto. Valerse por sí mismo era mucho mejor que recibir una limosna. Inculcar o reafirmar la confianza era mucho mejor que la simple caridad.

Dicho espíritu había servido bien a Hoover en su ascenso a la presidencia. En su juventud, Hoover presenciaría cuando las cosas se pusieron difíciles que la gente ayudaba a otra gente, las comunidades se cuidaban unas a otras. Hoover estaba seguro de que ese compromiso comunitario salvaría a la gente que luchaba durante la crisis actual. Desafortunadamente, cuando la mayoría del pueblo sufre o apenas se las arregla, la caridad personal no es realista. Además, las instituciones que a menudo habían proporcionado una red de contención social en el pasado estaban completamente abrumadas. Las iglesias, las sociedades benéficas, los sindicatos y otras organizaciones comunitarias simplemente no tenían los recursos para satisfacer la demanda de la gente que buscaba ayuda.

Al igual que otros presidentes, Hoover trató de apelar a la conciencia de los líderes empresariales. Hoover pidió a muchos capitanes de la industria que se comprometieran a no reducir los salarios ni despedir a ningún trabajador durante la crisis económica. Muchas corporaciones estuvieron de acuerdo, pero a medida que el panorama económico continuó oscureciéndose, no pudieron (o no quisieron) cumplir la promesa. La reducción de los costos laborales para reducir las pérdidas y permanecer en el negocio era una de las estrategias más antiguas y había prevalecido antes durante 50 años. Dicho pensamiento tan arraigado no iba a ser totalmente abandonado, independientemente de lo prometido. Para 1932, entre el 25 y el 30 por ciento de los estadounidenses no tenían trabajo. Si ese número se une al de gente que estaba subempleada o que trabajaba de manera intermitente, la imagen se vuelve aún más sombría. Es trágico, aunque no sorprendente, que en los primeros años de la Depresión la tasa nacional de suicidios aumentara en un 30 por ciento.

Otra estrategia del pasado había sido la implementación de aranceles más altos. En 1930, con el objetivo de proteger a las empresas y los trabajadores estadounidenses, se aprobó la Ley Harley-Smoot. La idea era que, con costos más altos de los bienes extranjeros, la gente compraría más bienes estadounidenses, ayudando a impulsar la economía. Pero fue contraproducente. La gente no comenzó a comprar en mayor cantidad, y otras naciones tomaron represalias con sus propios aranceles, perjudicando a las empresas estadounidenses y provocando más despidos.

Junto con el espíritu de autoayuda y la ayuda entregada con moderación a los necesitados, otro estándar en el que Hoover creía era mantener un presupuesto federal equilibrado. El gasto deficitario solo era permisible en tiempos de guerra. La lucha doméstica no era el momento de entrar en pánico y tomar medidas drásticas y posiblemente empeorar las cosas en general. Mientras algo de la reserva federal se usó para ayudar al pueblo a enfrentar la Depresión, Hoover propuso un aumento de impuestos para mantener el presupuesto equilibrado. Aunque el partido político del presidente tenía el control del Congreso, no apoyaron el plan de Hoover para aumentar los impuestos.

A pesar de sus mejores esfuerzos, Hoover no pudo detener la marea de la creciente crisis económica. Más aún, las circunstancias más allá de su control empeoraron las cosas para la nación y para la percepción pública del presidente. Algunos de los estados más afectados habían formado parte del granero del mundo. En la década de 1930 desde Dakota del Norte y del Sur hasta Texas, una severa sequía hizo que la agricultura allí fuera casi imposible. La capa superior del suelo en toda la región estaba tan seca que el viento la levantó y provocó condiciones cercanas a un oscurecimiento total, creando lo que los contemporáneos llamaron el Dust Bowl (literalmente, 'Cuenco de Polvo'). Cuando los vientos dejaron de soplar, enormes masas de tierra cubrieron los equipos agrícolas, se levantaron contra las construcciones de granjeros e hicieron insostenibles miles de granjas. Aunque fue un desastre provocado por la naturaleza, la falta de respuesta del presidente se sumó a la percepción de que no estaba en contacto con los estadounidenses promedio o que no le importaban. La lenta y percibida falta de respuesta contaminaría el legado de Hoover.

A medida que el 'Cuenco de Polvo cambiaba y movía la tierra a través de las llanuras, las dificultades económicas de la Depresión provocarían un gran desplazamiento de la gente por todo Estados Unidos. Aquellos que fueron expulsados de sus hogares tenían pocos recursos, excepto para crear el mejor refugio que pudieran. Muchas familias se vieron obligadas a armar tiendas de campaña improvisadas o cobertizos para contar con algún refugio. Esas barriadas pobres surgieron en todas las ciudades importantes de los Estados Unidos. Aunque era poco lo que Hoover podía haber hecho, estos asentamientos de vagabundos se conocieron como Villas Hoover, lo que suponía que él era el culpable.

Si bien el Cuenco de Polvo y las Villas Hoover estaban más allá del control de Hoover, un evento que pudo haber evitado fue la pesadilla de las relaciones públicas para el presidente. En 1929, antes de que comenzara la Depresión, el Congreso aprobó y Hoover firmó un proyecto de ley estableciendo un bono monetario para los veteranos sobrevivientes de la Primera Guerra Mundial. Los pagos estaban programados para comenzar en 1945.

Cuando se hizo evidente que la depresión no era una situación que duraría poco tiempo, los veteranos exigieron que sus bonos prometidos llegaran pronto para ayudarlos durante la crisis. Para presionar al Congreso para que actuara, en 1932 miles de veteranos acamparon en la Explanada Nacional y expresaron su deseo de recibir un pago inmediato. Después de varios días, este "Ejército de Bonificados" se mudó a otra sección del DC de Washington. En ningún momento los exsoldados fueron violentos o incluso amenazaron con serlo. Sin embargo, después de una semana de protestas simplemente por su presencia, Hoover ordenó al ejército activo que despejara la capital de los veteranos. Se envió un regimiento de caballería, junto con un tanque, para dispersar a los veteranos. Bajo el mando de Douglas MacArthur y de otros futuros famosos generales como George Patton y Dwight Eisenhower, los jinetes del ejército lanzaron los caballos sobre los exsoldados. Numerosos hombres resultaron heridos y dos murieron en la refriega.

Si bien son muy pocos los intocables en la política estadounidense, los veteranos militares están entre ellos. Desde los orígenes del país, los exsoldados ocupan un lugar especial en la conciencia nacional. Incluso el Ejército de Bonificados, compuesto por aquellos que lucharon por la nación, debía ser respetado, honrado, y no se les debía atacar. La reacción pública frente al acontecimiento fue profundamente negativa para Hoover. Incluso antes del episodio del Ejército de Bonificados, Hoover cada vez se presentaba menos en público. Después del conflicto, Hoover casi dejó de aparecer. Sintió que lo atacaban por todos lados y permanecer fuera de la vista de todos le ofrecía un respiro. Esta actitud también estaba en consonancia con la de muchos expresidentes. No era tarea del presidente estar presente siempre, ni ser una figura pública en todo momento. Se suponía que los presidentes eran funcionarios distantes, bien vigilados. A medida que se acercaban las elecciones de 1932, Hoover volvería a presentarse en público. A poco de andar se dio cuenta de que su oponente cambiaría lo que se esperaba de un presidente y definiría sus funciones para las próximas décadas.

Capítulo 3: Las Elecciones de 1932

Las elecciones de 1928 fueron una de las elecciones más reveladoras para los Estados Unidos. Demostraron el poder de la clase trabajadora urbana étnica y también los profundos prejuicios que aún tenía el país, especialmente hacia los católicos. Herbert Hoover basó su campaña sobre sus logros pasados en el gobierno federal y sobre el éxito de su partido en el mundo de la posguerra. El Partido Republicano también participaría en ataques personales contra el candidato demócrata. Al Smith, el candidato demócrata y gobernador de Nueva York, era católico apostólico romano. El miedo a ser controlado por el papa y la práctica de una religión muy ajena para muchos estadounidenses fue capitalizado por Hoover y los republicanos. Afirmaron que estaban luchando para proteger a la nación del control extranjero. Además, Smith era un "mojado", un defensor de la derogación de la ley seca. Esta combinación de un católico que apoyaba la revocación de la ley seca era demasiado para la mayoría de los estadounidenses. Aunque la ley seca era impopular, muchos estadounidenses todavía la veían como una forma importante de proteger a la sociedad.

Hoover había ganado muy fácilmente la presidencia en 1928, pero en 1932 se enfrentaba a un electorado muy diferente. La economía se acercaba al punto más bajo de la Depresión. Parecía que Hoover no estaba haciendo nada para mejorar las cosas para los estadounidenses promedio. El Partido Republicano estaba al mando de toda la caída y fue visto como responsable de la situación actual. Finalmente, los grandes problemas que habían hecho que muchos votantes se volvieran en contra de Al Smith en 1932 no estarían con el nuevo candidato

El nuevo candidato formaba parte de los políticos de Nueva York y provenía de una de las familias estadounidenses más emblemáticas. A diferencia de su primo mayor, Theodore, Franklin Delano se incorporó al Partido Demócrata, no al republicano. Formó parte de la administración Wilson y, como Al Smith, era un ex gobernador de Nueva York. Debido a la poliomielitis que le apareciera cuando ya tenía poco más de treinta años. Su movilidad estaba muy limitada de tanto andar en silla de ruedas.

En muchos sentidos, dados los antecedentes de los candidatos, uno podría suponer que Hoover era el demócrata y Roosevelt el republicano. No solo por la historia familiar con el Grand Old Party, (El Gran Partido Viejo), sino que la familia Roosevelt también era una de las primeras familias holandesas en establecerse en Nueva Ámsterdam. En los albores de la generación de Franklin, la familia estaba bastante acostumbrada a la riqueza y a los privilegios. Mientras que ambos lados de la familia creían en el concepto de nobleza obliga, Franklin pensaba que era más importante utilizar el gobierno para mejorar la sociedad que simplemente servir al pueblo. Revivió a los activistas progresistas de la primera parte del siglo. Muchos de sus compañeros consideraron a Roosevelt un traidor a su clase.

Dos de los principales problemas divisorios que Hoover usaría contra Smith no funcionaron contra Roosevelt. Roosevelt sostenía firmemente la tradición protestante estadounidense, por lo que la división por religión fue silenciada. El otro tema que los dividió en

1928, la ley seca, había virado casi por completo hacia la posición que ocupaba Smith. Para 1932, gran parte de la nación veía la ley seca como un experimento fallido. Se sabía que de vez en cuando Roosevelt disfrutaba de un cóctel, incluso preguntaría durante uno de sus discursos: "¿No debería un hombre poder disfrutar de una cerveza después de un duro día de trabajo?" Para muchos estadounidenses, la respuesta era que sí.

En lugar de tratar de pintar a su oponente como un extraño que profesa una religión peligrosa y que tiene un comportamiento social destructivo, Hoover y los republicanos retrataron a Roosevelt como un dandi alejado del pueblo que iba a gastar el dinero de la nación descuidadamente. Bajo Roosevelt, la deuda nacional aumentaría, las empresas sufrirían y la depresión solo empeoraría. Roosevelt respondió representando a Hoover como un presidente que no hace nada. Los demócratas insistieron en que no solo era indiferente, sino que no estaba dispuesto a hacer nada para ayudar a la mayoría de los estadounidenses. Los demócratas responsabilizaron a Hoover y los republicanos del control del Congreso de la Gran Depresión. La decisión que enfrentaron los votantes fue entre algo nuevo o el statu quo; al menos, así fue como los demócratas plantearon la situación.

La candidatura de Roosevelt no era el único aspecto nuevo de la campaña demócrata. Mientras caminaba tambaleante por todo el país, Roosevelt y muchos otros demócratas prometieron un "Nuevo Acuerdo" para todos los estadounidenses. El nombre se quedó y fue el nombre general de la agenda legislativa de Roosevelt en el futuro. También se convirtió en un término para aquellos que promulgaban la agenda, los del Nuevo Acuerdo. El término también fue el nombre dado a la coalición de votantes que Roosevelt pudo armar para las elecciones durante casi veinte años.

El Nuevo Acuerdo fue más que un nombre pegadizo. Roosevelt prometió la recuperación industrial, la recuperación agrícola y el alivio a corto plazo para los desempleados. Estas promesas resonaron entre los votantes de un amplio espectro del electorado. La promesa de recuperación industrial y la buena reputación de estar a favor de los sindicatos atrajo a la clase trabajadora urbana étnica. Prometiendo centrarse en la recuperación agrícola atrajo a votantes del Medio Oeste y del Sur. Sin la desventaja del catolicismo, los Dixiecrats (demócratas por los estados que formaron la Confederación en la Guerra Civil) estaban mucho más dispuestos a votar por el candidato nacional de su partido. Quizás el aspecto más notable de la Coalición del Nuevo Acuerdo fue la inclusión de los afroamericanos en el Partido Demócrata. Las elecciones de 1932 vieron por primera vez que la mayoría de los afroamericanos votaban por un candidato demócrata. Durante mucho tiempo visto como el partido de la esclavitud y el racismo, los demócratas pudieron aumentar su atracción de los afroamericanos que ya no estaban en el sur. En cambio, los afroamericanos eran una parte mucho mayor de los centros urbanos de los Estados Unidos debido a la Gran Migración que comenzara durante la Primera Guerra Mundial y continuase durante la década de 1920. Los que una vez fueron un sólido bloque de votantes del partido de Lincoln, los afroamericanos, optaron por el cambio. El resto de la nación sintió lo mismo. Por un margen de 57 por ciento a 39 por ciento, Roosevelt derrotó a Herbert Hoover. El margen fue aún mayor si se miran los resultados del colegio electoral. Roosevelt se llevó 472 votos de electores contra los 59 de Hoover. Hoover solo pudo retener 6 estados frente a los 42 de Roosevelt. No solo ganaron la elección presidencial. Por primera vez en más de una década, el Partido Demócrata ganó la mayoría en la Cámara de Representantes y el Senado. Los estadounidenses estaban listos para un cambio. Estaban listos para un nuevo acuerdo.

Capítulo 4: Los 100 Días y el Primer Mandato de FDR, 1933-1937

Franklin Delano Roosevelt juró como el trigésimo segundo presidente de los Estados Unidos el 19 de marzo de 1933. Aprovechó la ocasión para inspirar a la nación y proyectar confianza en la nación que muy pocos sentían realmente. Dijo unas de las palabras más famosas jamás pronunciadas por un presidente: "Lo único que debemos temer es el miedo mismo". Es interesante notar que el nuevo presidente dijo: nosotros, no ustedes. Roosevelt quería que quedara claro que él era parte de la lucha, y que junto con todos los demás, iba a trabajar para terminar con la Depresión. El trabajo comenzó de inmediato. A mediados del verano, se completarían los primeros 100 días del primer mandato de Roosevelt. Desde 1933, cada primer mandato de un presidente se juzga en ese mismo período, 100 días.

El aluvión de actividad en la que se involucró la nueva administración fue asombroso. Roosevelt resumió la filosofía de tal enfoque diciendo: "Vamos a probar cosas nuevas. Si esas no funcionan, vamos a intentar otra cosa. No importa, seguiremos intentándolo hasta que algo funcione". Se creaban nuevos departamentos a diario. Las iniciativas legislativas de la Casa Blanca y el Congreso se debatían y aprobaban constantemente. No todas las propuestas funcionaron, como predijo Roosevelt, pero desde el primer día no se le consideraría uno de los presidentes que no hacen nada. Algunas políticas clave fueron promulgadas en los primeros 100 días. Una de las primeras fue la

Ley de Emergencia Bancaria. Se declaró feriado bancario obligatorio. Con todos los bancos cerrados, el gobierno federal evaluó qué bancos estaban sanos, cuáles podían salvarse y cuáles se habían excedido y debían cerrarse permanentemente. Los bancos que podían salvarse fueron puestos bajo la administración del gobierno. El objetivo final del programa era restaurar la fe en los bancos y ayudar a impulsar la economía.

Reafirmando aún más la fe del consumidor en el sistema bancario fue la creación de la Corporación Federal de Seguros de Depósitos. Esta nueva corporación controlada por el gobierno garantizó depósitos de hasta $ 100.000 en caso de cierre del banco. Hasta la Gran Depresión, no había tal seguridad. Aunque los bancos a menudo se veían como lugares seguros para guardar dinero, para toda la generación que vivió la Depresión, incluso con la CFSD, los bancos eran sospechosos. Aun así, el nuevo organismo ayudaría a cumplir una de las promesas clave de la campaña de Roosevelt y los demócratas, revitalizar la economía.

Otra disposición clave de la plataforma del Nuevo Acuerdo fue el alivio a corto plazo para los desempleados. Con ese fin, la administración Roosevelt creó el Cuerpo Civil de Conservación. Al inicio, el CCC era un programa para emplear hombres jóvenes solteros, pero luego se expandió a una mayor parte de la población. Los inscritos fueron enviados a campamentos dentro de áreas de los Estados Unidos que necesitaban trabajos de conservación, deteniendo la erosión del suelo, construyendo torres de incendios, plantando árboles y una serie de otras tareas. Al final de su primer año, 1933, el CCC emplearía a más de 250.000 hombres. El programa fue un éxito y muy popular. No resolvió todos los problemas de empleo que enfrentaba Estados Unidos, pero ayudó tanto financiera como psicológicamente. Un gran número de trabajadores se sintió útil nuevamente. También demostró que Roosevelt estaba tomando medidas.

En esa misma línea, la Ley Federal de Ayuda de Emergencia estableció la Administración Federal de Ayuda de Emergencia. Al igual que el CCC la AFAE fue creada en 1933. En lugar de ser un organismo estrictamente federal, la AFAE distribuiría $ 500 millones a organismos estatales y locales para ayudar a los desempleados. Muchos de los empleos creados eran mano de obra no calificada, pero al igual que los empleos en el CCC, proporcionarían un impulso moral a los que estaban sin trabajo.

La medida más ambiciosa que se tomó para crear empleos fue el establecimiento de la Administración de Progreso de Obras. Esta iniciativa emplearía a miles en su primer año de existencia y alcanzaría millones en su apogeo más adelante en la década. Muchos de los edificios y proyectos construidos bajo la dirección de la APO ahora son sitios históricamente preservados. Durante el auge de la APO en la década de 1930, se construyeron miles de escuelas, oficinas de correos, puentes y hospitales. La organización tendió más de 625.000 millas de caminos. Fue la mayor expansión de infraestructura en los Estados Unidos.

Los proyectos de construcción constituirían la mayor parte de la APO, pero otra iniciativa del programa se dirigiría específicamente a ayudar a artistas desempleados. El Proyecto Federal Número Uno se componía de cinco partes clave: el Proyecto Federal de Escritores, el Proyecto Federal de Teatro, el Proyecto Federal de Artes, el Proyecto Federal de Música y el Proyecto de Registros Históricos. El gobierno empleó a miles de escritores, actores y músicos, redactando panfletos, carteles, guías de parques nacionales y muchos otros proyectos. Muchos conocidos y exitosos artistas participaron en el programa, incluidos Orson Welles, Burt Lancaster y Sidney Lumet. Uno de los proyectos más importantes de la APO fue la colección de narrativas de esclavos estadounidenses. Se grabaron y conservaron las historias de más de 2.000 esclavos, manteniendo una importante ligazón con uno de los aspectos más trágicos de la historia estadounidense.

La recuperación agrícola fue otro componente clave de la plataforma de 1932. Con ese fin, la administración Roosevelt propuso la Ley de Ajuste Agrícola que, cuando se aprobó, creó la Administración de Ajuste Agrícola. El objetivo principal de ese nuevo organismo era ayudar a los aparceros con excedentes y reducir la cantidad de alimentos que se producían. El gobierno compró y sacrificó ganado excedente y pagó a los aparceros para que no sembraran cultivos que tenían excedentes y no tenían una gran demanda. Para los arrendatarios y aparceros, la AAA era un poco confusa. Si bien a los propietarios se les pagaba para que no produjeran en una parte de sus tierras, esos arrendatarios y aparceros estaban prácticamente excluidos de los pagos de excedentes. Sin embargo, muchos propietarios permitieron que los arrendatarios y los aparceros se quedaran en la tierra y sembraran sus cultivos. Esto llevó a más alimentos para los arrendatarios y también les permitió llevar sus propios cultivos al mercado. Si bien la cantidad de dinero no era grande, ayudó a elevar el nivel de vida de muchos arrendatarios y aparceros.

Aunque no era estrictamente una medida para el sector agrícola de la economía, la Autoridad del Valle de Tennessee, creada en 1933, benefició a algunas de las áreas más remotas y subdesarrolladas de los Estados Unidos. La AVT trajo la modernización a la mayor parte de Tennessee, partes de Alabama, Kentucky, Mississippi, Georgia, Carolina del Norte y Virginia. La Autoridad construyó represas, produjo fertilizantes y suministró electricidad a toda la región. Además de proporcionar dichos servicios, AVT empleó a miles para brindar esos servicios a la región. La organización aún les pertenece y está operada por el gobierno federal.

El aspecto más controvertido de los primeros 100 días fue la legislación propuesta para ayudar a la industria a recuperarse, otra demanda clave de la campaña. La Ley Nacional de Recuperación de la Industria (LNRI) finalmente fue aprobada por la Cámara y el Senado, aunque con una gran oposición. La legislación finalmente creó la Administración Nacional de Recuperación (ANR) y la Administración de Obras Públicas (AOP). La intención de las leyes era proporcionar a los trabajadores la protección que no tenían actualmente, como permitir la negociación colectiva y prohibir la práctica de obligar a los empleados a no unirse a un sindicato o participar en una actividad sindical. La ley también trató de hacer cumplir la competencia leal y regular otros aspectos de varias industrias. Finalmente, fue allí donde se hicieron grandes de críticas a la ley. La ANR condujo a cientos de nuevas regulaciones, aparentemente de la noche a la mañana. Debido a la ANR muchos aliados de Roosevelt se volvieron contra la administración, especialmente a los líderes empresariales no les gustó lo que sentían como una extralimitación del gobierno.

Aunque no fue necesariamente una promesa de campaña, una de las principales preocupaciones de muchos estadounidenses fue llamarles la atención a los poderosos de Wall Street, la entidad a la que muchos culpaban en gran parte del colapso financiero. La Ley de Valores de 1933 fue la parte clave de esa iniciativa. La ley finalmente condujo a la creación de la Comisión de Bolsa y Valores. Fue la primera legislación federal en regular la compra y venta de acciones en los Estados Unidos. El objetivo principal de la legislación era poner freno a las compras especulativas exigiéndole una divulgación más estricta de los términos de una venta en particular. En resumen, todo el riesgo que podría acarrear una inversión debía ser parte de cualquier venta que utilizara el comercio interestatal. La ley también le daría a cualquier inversionista que fuera estafado la vía para demandar al emisor de la venta.

Durante los primeros 100 días, Roosevelt también comenzó una costumbre regular de su presidencia que, como el punto de referencia de los 100 días, se convertiría en el estándar para futuros presidentes. Cada semana, Roosevelt hacía una actualización semanal sobre las iniciativas que el gobierno estaba promulgando. También les daría palabras de aliento a los estadounidenses sobre su situación actual y les aseguraría que estaba haciendo todo lo posible para cambiar el país. Estas "Charlas Informales" fueron increíblemente exitosas. La radio seguía siendo un medio relativamente nuevo para muchos estadounidenses y ese contacto directo con el presidente no se había conocido antes. Muchos sobrevivientes de la Gran Depresión recordarían haber estado en familia junto a la radio para escuchar lo que el presidente, su presidente, tenía que decir.

La oleada de actividad de estos 100 días nunca ha sido igualada por otro presidente posterior. La enorme legislación importante que alcanzaría a varios sectores de la vida estadounidense demostraría al pueblo de los Estados Unidos que el nuevo presidente no se limitaba a hablar solamente. Fue fiel a sus promesas de campaña. No todo funcionaría, pero, como diría Roosevelt, estaban dispuestos a intentarlo de nuevo. El sector financiero, el desempleo y las áreas rurales se beneficiaron de la primera ronda de legislación dentro del Nuevo Acuerdo. Durante el primer mandato de Roosevelt se aprobarían otras dos leyes importantes. Ambas fueron piedras angulares de la política del Nuevo Acuerdo y ambas siguen vigentes hoy. La primera se refería a la gente que estaba empleada y la segunda a la gente que ya había terminado su vida laboral o que ya no podían trabajar.

La Ley Nacional de Relaciones Laborales (LNRL), también conocida como la Ley Wagner, establecía la Junta Nacional de Relaciones Laborales (JNRL) y proporcionará garantías federales para los convenios colectivos, la sindicalización y las huelgas. La ley definía las prácticas laborales injustas e intentaba terminar con ellas. Incluía protecciones para los empleados que testificaran contra su empleador en un tribunal penal o civil. La ley no cubría a los trabajadores que trabajaban en los ferrocarriles o en el gobierno federal. Para apaciguar a los legisladores del sur, las empleadas domésticas y trabajadores agrícolas también quedaron excluidos de las protecciones de la Ley Wagner. Esta ley no alcanzaba a las empleadas domésticas y los trabajadores porque la mayoría de ellos en el sur eran afroamericanos.

La otra legislación monumental aprobada en 1935 fue la Ley de Seguridad Social. Esta ley proporcionaba un estipendio a los exempleados después que hubieran terminado su vida laboral, haría provisiones para el desempleo, brindaría ayuda a las familias con hijos a su cargo, tenía disposiciones para el bienestar materno infantil, la salud pública y la asistencia a ciegos. Fue una de las políticas más ambiciosas jamás promulgadas por el gobierno de los Estados Unidos. Hasta el advenimiento de la Seguridad Social, los trabajadores estadounidenses a menudo necesitaban estar empleados hasta una edad avanzada. A menudo, los empleados trabajaban hasta que simplemente ya no podían trabajar más. Si tenían suerte, tendrían ahorros disponibles, pero especialmente en la Depresión con el cierre de bancos, era menos probable. Para que se aprobara una legislación, como la Ley Nacional de Relaciones Laborales (LNRL), las empleadas domésticas y los trabajadores agrícolas fueron excluidos de la legislación.

En ambos casos, la Ley Nacional de Relaciones Laborales (LNRL) y la Ley de Seguridad Social, el Partido Republicano y varios grupos empresariales se opusieron vehementemente a estos esfuerzos. En el caso de la LNRL, los empleadores criticaban especialmente el sesgo pro sindicatos de la Junta de Relaciones. Si bien la idea era ser un juez imparcial en disputas laborales, la LNRL parecía inclinarse más hacia los empleados que a los empleadores. En el caso de la Seguridad Social, la principal crítica fue que el programa era llanamente socialista con un nombre diferente. La mayoría de los conservadores en el Congreso expresaron dichas preocupaciones y votaron en consecuencia, aunque el proyecto de ley aun así se aprobaría. Cuando el primer mandato de FDR llegaba su fin, fue difícil no verlo como un éxito, al menos en cuanto a promulgar un plan en el escenario nacional. Es más difícil evaluar cuan exitosos fueron los programas. Cientos de miles recibieron trabajo, aunque a veces solo por un tiempo, y el pueblo, especialmente los ancianos, fueron sacados del abismo de un gran sufrimiento. Se promulgaron programas para ayudar a la gente de las ciudades y del campo, y el sector financiero de la economía comenzó a inspirar algo de confianza. Sin embargo, el desempleo, se mantuvo persistentemente alto. Las empresas aún no podían volver a tomar nuevos trabajadores en gran parte porque la gente aún no podía comprar bienes a los precios previos a la depresión. Es posible que la situación pareciera ir mejor e incluso que estuviera mejor de verdad, pero aún quedaba un largo camino por recorrer.

Capítulo 5: Segundo Mandato de FDR: Desafíos y Críticas

Aunque ninguna elección está asegurada, en 1936 había pocas dudas de que Franklin Roosevelt ganaría un segundo mandato. La economía todavía estaba en dificultades, pero en alza. Más importante aún, la mayoría de los estadounidenses aprobaban el trabajo que Roosevelt estaba haciendo. Creían que el aristócrata de Nueva York era la mejor opción para sacar a la nación del peor desastre económico en la historia del país. El rival republicano era el gobernador de Kansas, Alf Landon, quien comentaría durante la campaña: "A donde quiera que vaya veo estadounidenses". Dejando de lado las observaciones obvias, es sorprendente que Landon haya visto realmente a alguien durante la campaña. Raramente salía de su estado natal, mientras que Roosevelt estuvo comprometido durante toda la temporada de campaña, viajando por todo el país. Aunque se discutía que podría ser una contienda reñida, incluso el republicano más ardiente no hubiera podido predecir los resultados. Roosevelt ganó en forma aplastante, captando el 60 por ciento del voto popular, llevándose 46 de los 48 estados y captando 523 de los posibles 531 votos de los electorales. Sigue siendo una victoria aplastante con los mayores márgenes de la historia. Junto con la aplastante victoria de Roosevelt, los demócratas ganaron aún más escaños en el Congreso.

Con tal mandato, Roosevelt y el Congreso estaban listos para promulgar otros aspectos del Nuevo Acuerdo. Desafortunadamente para FDR, gran parte de su segundo mandato lo tuvo que dedicar a sus tratos con la Corte Suprema. Según Roosevelt y sus aliados, la corte era el único obstáculo para mantener incólume el Nuevo Acuerdo. A partir de 1935, una serie de casos judiciales estaban en contra de las iniciativas Roosevelt y Nuevo Acuerdo. Los reveses más notables fueron la oposición a la Ley Nacional de Recuperación Industrial y la Ley de Ajuste Agrícola. Liderando los cargos en la corte, encabezado por el Presidente del Tribunal Supremo Charles Evans Hughes, había cuatro jueces conservadores, que luego recibieran el mote de los "Cuatro Jinetes". A estos jueces, Pierce Butler, James Clark McReynolds, George Sutherland y Willis Van Devanter, los veían como los mayores opositores al New Deal. Tres de los cuatro habían sido nombrados por presidentes republicanos. El cuarto, McReynolds, fue designado por Woodrow Wilson, pero era un sureño conservador. El primer caso, la Compañía Refinadora Panamá contra Ryan, declaró que la restricción de la Ley Nacional de Recuperación Industrial sobre el comercio interestatal e internacional de excedentes de petróleo era inconstitucional. El presidente del Tribunal Supremo Hughes suscribió la opinión de la mayoría y dictaminó que en esos casos se debían establecer los parámetros específicos y no dejarlos a discreción del poder ejecutivo. En resumen, era un control sobre el poder de Roosevelt

El tribunal fue aún más lejos contra la Ley de Recuperación de la Industria Nacional conocida como LRIN en el caso de lo *Corporación de Cría de Aves Schechter* contra los Estados Unidos. En la decisión unánime, también escrita por el Presidente del Tribunal Supremo Hughes, la legislación LRIN otorgaba poderes al poder ejecutivo asignados al poder legislativo del gobierno. Más condenatoria fue la decisión de que incluso las disposiciones de la ley que estaban dentro del poder del Congreso violaban la Cláusula de Comercio, que le daba al Congreso el poder, aunque limitado, de regular el comercio dentro de los estados.

Al año siguiente en 1936, otra pieza emblemática del Nuevo Acuerdo fue declarada inconstitucional. El tribunal dictaminó en el caso de los *Estados Unidos contra Butler* que la Ley de Ajuste Agrícola violaba la Constitución al imponer un impuesto injusto a los productores de alimentos e iba más allá del alcance del poder del gobierno nacional. regulando cuántos animales podía criar un granjero. Entre 1934 y 1936, de los 16 casos relacionados con la legislación del Nuevo Acuerdo, en 10 fallaron contra Roosevelt y el Nuevo Acuerdo.

En 1937, después de su reelección, Roosevelt intentó aprobar una legislación que inclinaría a la corte a su favor. Señaló que no había una ley o requisito específico para que la Corte Suprema estuviera integrada por nueve miembros. Hubo varias propuestas sobre el número de miembros en la corte, pero en 1869, nueve era el número establecido. Roosevelt trató de completar la corte con los nominados que él quería elegir para proteger los programas del Nuevo Acuerdo. El plan requería que el presidente nominara a un juez por cada juez mayor de 70 años. El presidente solo podía decidir sobre seis de esos nombramientos, pero posiblemente podría obtener seis escaños favorables en un tribunal que constara de quince miembros. Roosevelt puso su idea a consideración del público durante una de sus Charlas Informales. Argumentaría que el tribunal no estaba en contacto con la realidad y con la Constitución. Además, dijo que su plan era necesario para salvar al Nuevo Acuerdo, a la nación y a la Corte Suprema misma.

La reacción fue rápida y en gran medida negativa. Los republicanos y los conservadores la vieron como una apropiación del poder sin precedentes. Muchos demócratas pensaban lo mismo y le hicieron saber al público sus sentimientos. El público también estaba en contra de la idea. A diferencia de muchas de las propuestas e ideas de Roosevelt, el plan para llenar la corte se hizo con solo una minoría de apoyo por los votantes. Se lanzó una campaña enorme de cartas que se oponían al proyecto de ley. Sin duda, fue el error más grande y costoso de la presidencia de Roosevelt. Volvió a muchos antiguos aliados contra la administración en el Congreso, y empeoró la opinión pública sobre el presidente.

Lo que es irónico en el caso de copar la corte fueron dos acontecimientos. Primero, el caso de Panamá y el de Schechter fueron decisiones unánimes en su contra, 9 a 0. Incluso con seis jueces amigos, ambos habían sido casos perdidos para el presidente. El segundo fue que el juez Van Devanter, uno de los Cuatro Jinetes, se retiró en 1937. A Roosevelt ahora se le presentaba el nombramiento de un juez, haciendo que el ala "liberal" tuviera cuatro miembros, los "conservadores" tres, de los cuales dos no se sabía por quién votarían. A medida que la presidencia de Roosevelt avanzaba este nombraría a nueve jueces de la corte. Más que cualquier otro presidente, Roosevelt influiría sobre la dirección de la ley estadounidense durante décadas, nombrando más jueces que nadie. Al final, Roosevelt no necesitaba ningún plan para inclinar la corte a su favor, solo tiempo.

La controversia de copar la corte generó enormes críticas dirigidas al presidente Roosevelt, pero esta no era la primera vez que enfrentaba críticas. Dos, en particular, un demagogo y un sacerdote católico, fueron especialmente expresivos sobre el presidente. Ambos tenían seguidores y plataformas considerables para llevar su mensaje anti-Roosevelt al público. Uno provenía del sur profundo, y el otro del medio oeste industrial, específicamente de Detroit, Michigan. Huey Long y el padre Charles Coughlin no fueron los únicos críticos de Roosevelt, pero quizás fueron los más conocidos. Ambos comenzaron como partidarios del Nuevo Acuerdo, pero pronto se opusieron al programa y su arquitecto.

Huey Long era un político de Luisiana conocido como "El Pez Rey," en su estado natal. Aunque el nombre fue tomado del famoso programa de radio, "Amos y 'Andy", Long y su influencia en la política de Luisiana poco tenían de humorístico. Después de ganar la gobernación en 1928, Long consolidó su poder eliminando a todos y cada uno de los miembros del gobierno que se le oponían. Construyó un enorme sistema de mecenazgo que hizo que prácticamente todos los que trabajaban en el gobierno estatal fueran leales a él. Long no era popular entre la élite terrateniente, pero en el resto del estado no tenía oposición.

Long fue un crítico vehemente de las grandes empresas y el sistema financiero de los Estados Unidos. Gran parte de su política en Luisiana reflejaba los mismos ideales que definirían al Nuevo Acuerdo en 1933. Long, un senador electo por Luisiana en 1932, fue un defensor expresivo de Roosevelt y el Nuevo Acuerdo. Quizás fue demasiado vocinglero. Roosevelt le agradeció la ayuda, pero también se distanció del populista del sur. Cuando se propuso la Ley Nacional de Recuperación Industrial, Long creía que era demasiado blanda para los empleadores y las corporaciones.

Roosevelt casi eliminó a Long de la estrategia del Nuevo Acuerdo y se referiría a él como "uno de los hombres más peligrosos de Estados Unidos". Long continuó siendo un crítico abierto de las empresas y las élites estadounidenses y propuso un nuevo programa, "Compartamos Nuestra Riqueza" que limitaría las fortunas personales y redistribuiría la riqueza entre todos los estadounidenses. Sin ganar muchos aliados en el Congreso, Long recurrió al pueblo y comenzó la Sociedad Compartamos Nuestra Riqueza. Para 1935, había más de 7 millones de miembros con 27.000 afiliados locales. Long a menudo alcanzó a audiencias de radio de más de 25 millones de personas con su mensaje sobre la distribución de riqueza.

Se debate si Long estaba aspirando o no para una carrera presidencial en 1936, pero no estaba fuera de ser una posibilidad. Tenía una sólida base de apoyo, una plataforma nacional y una capacidad de hacer campaña que era insuperable, incluido Roosevelt. Incluso tenía importantes aliados tanto dentro como fuera de la política. Desafortunadamente para Huey Long y la Sociedad Compartamos Nuestra Riqueza, tenía muchos enemigos. Uno de esos enemigos, más específicamente el yerno de uno de esos enemigos, disparó y mató a Huey Long en septiembre de 1935. Uno de los aliados de Long y crítico de Roosevelt era el padre Charles Coughlin. Era párroco en los suburbios de Detroit y comenzó su carrera en la radio hablando en contra del Ku Klux Klan que en ese momento estaba operando en Michigan. Su postura y estilo anti-Klan atrajeron a la CBS, y comenzaron a transmitir su programa a nivel nacional.

Con el advenimiento de la Depresión, Coughlin hablaría más y más sobre cuestiones políticas y económicas y la necesidad de que el gobierno nacional hiciera más. Con la elección de 1932 y el ascenso de Roosevelt y el Nuevo Acuerdo, Coughlin pensó que sus oraciones habían sido respondidas.

Para 1934, como Huey Long, el padre Coughlin estaba desilusionado con Roosevelt y lo que consideraba el ritmo lento del Nuevo Acuerdo. Coughlin también sentía que el presidente iba más allá de la Constitución y estaba demasiado enamorado del capitalismo para ser verdaderamente efectivo. El sacerdote fundó la Unión Nacional para la Justicia Social (UNJS), que se dedicaba a la redistribución de la riqueza, nacionalizando ciertas industrias y reformando todo el sistema financiero. LA UNJS y Coughlin eran particularmente críticos con los bancos y el Sistema de la Reserva Federal, a la que él consideraba como el principal responsable de la Depresión.

A medida que la década continuaba, Coughlin todavía tenía un fuerte apoyo entre sus oyentes. Eso estaba a punto de cambiar, sin embargo. Ya en 1936, Coughlin comenzó a expresar puntos de vista antisemitas y a compartir teorías conspirativas sobre el control judío de la economía. Estaba continuamente vinculado a los fascistas en Europa, y aunque Coughlin trató de distanciarse de los grupos profascistas en los Estados Unidos, a veces defendió las acciones nazis. Cuando estalló la Segunda Guerra Mundial en Europa,

Coughlin era un firme aislacionista. Cuando Estados Unidos entró en la guerra en 1941, Coughlin seguía oponiéndose a la participación estadounidense. Su oposición era vista como simpatía hacia el enemigo, y se comenzaron a tomar medidas para sacarle de la escena e intentar juzgarlo por sedición. Sin embargo, la jerarquía católica intervino y ordenó a Coughlin que finalizara su espectáculo y volviera a ser simplemente un párroco. Al final, eso es lo que hizo Coughlin, permaneciendo como cura hasta su retiro en 1966.

Capítulo 6: La Cultura de la Depresión

La Gran Depresión generó una serie de movimientos culturales en los Estados Unidos. Muchos asocian la década de la depresión con el radicalismo y la cultura política. Muchos artistas se unieron a partidos políticos, especialmente al Partido Comunista, y expresaron su política en sus escritos, obras de arte, películas y obras de teatro. Incluso aquellos que no se unieron a los movimientos políticos fueron influenciados por los presentes acontecimientos.

Aunque el Partido Comunista experimentaría su mayor crecimiento durante la Gran Depresión, hubo otro aspecto menos organizado de la cultura de la década de 1930 que fue igualmente profundo. Muchos estadounidenses buscaron en el pasado de la nación un remedio para la situación actual. La idea de descubrir qué significaba ser estadounidense, cuál era el estilo de vida americano, fue una pregunta que muchos trataron de responder.

En ambos enfoques, el del radicalismo y el tradicionalismo, el tema primordial del paisaje cultural de la Depresión fue hacer frente a los tiempos difíciles. Los estadounidenses encontraron un camino a través de varios medios (radio, cine y música, por nombrar algunos) para encontrar una manera de enfrentar las duras realidades del día.

No todos estos medios estaban solo preocupados por el Nuevo Acuerdo y los eventos actuales. Hubo muchos medios de entretenimiento diseñados para ayudar a la gente a olvidar por un tiempo. El escapismo fue especialmente útil para muchos a lo largo de la era y tan importante como otras obras. El Ratón Mickey y Dorothy del *Mago de Oz* tuvieron un papel tan importante en la cultura de la década de 1930 como el Frente Popular y las obras de John Steinbeck.

Aunque la radio ya era popular en la década de 1920, la década de 1930 fue quizás su edad de oro. Para la década de 1930, ya se trasmitían todos los equipos de la Liga Nacional de Béisbol. Había muchos programas culturales y educativos, incluyendo transmisiones de ópera y programación informativa. Sin embargo, las transmisiones más populares fueron los programas de variedades y las telenovelas. Las horas de variedades recordaban los espectáculos de vodevil que una vez viajaron por todo el país. Actos musicales, parodias cómicas y otras actuaciones llegaban a las salas de estar de la familia todas las noches.

Sin embargo, la telenovela fue la programación que dominó las ondas de radio. Programas como *Los Goldberg*, que resaltaban la vida de una familia inmigrante que vivía en Nueva York, ganaron millones de oyentes. Muchos estadounidenses, podían recordar circunstancias similares o tenían familiares que vivieron dichos eventos. La gente se identificaba con los personajes y querían saber qué pasaría después. Otros programas siguieron una fórmula similar, todos diseñados para mantener a la gente sintonizada. Algunos programas, como XXXX, contenían más melodrama y resaltaban una vida casi fantástica de riqueza y fama, pero aun así mantenían al público entretenido. Un día de trabajo duro, o peor aún sin trabajo, se hacía más llevadero por los ritmos familiares del drama en serie.

Los ritmos familiares fueron la clave de otra vía de entretenimiento a lo largo de la década, la música. La década de 1920 vio el advenimiento del jazz como la música popular de la época, pero la música de la década de 1930 amplió las ideas del jazz y se convirtió en un género más grande. La música lenta fue la música de los años treinta. Las grandes bandas tocaban un estilo de música más adecuada para el baile, y aunque el dinero era escaso, la gente todavía acudía en masa para ver, escuchar y, lo más importante, bailar con música nueva tan a menudo como podían. Las salas de baile atraían a la gente a ir a esos lugares organizando concursos llamados maratones de baile. Las parejas bailaban hasta que solo quedaba una pareja en la pista. Eran los ganadores y generalmente ganaban un premio en efectivo. Puede que no haya sido la mejor manera de ganarse la vida, pero seguramente fue una forma divertida de ganar algo de dinero extra el fin de semana.

La industria cinematográfica de la década de 1930 tenía aspectos de todos estos hilos culturales, escapismo, radicalismo y una búsqueda de la tradición. En el caso del escapismo, ninguna compañía es un mejor ejemplo que los Estudios de Walt Disney. El primer éxito de Disney llegó con la creación del personaje que ha seguido siendo un símbolo de la compañía, el Ratón Mickey. Primero en blanco y negro y luego en color, los cortometrajes del Ratón Mickey fueron extremadamente populares. Pero Walt Disney quería que la animación hiciera más, que fuera más. En 1937, la Compañía Walt Disney produjo su primer largometraje, *Blancanieves y los Siete Enanitos*. Fue un éxito instantáneo. El público se enamoró de la historia, y fue la película más taquillera en 1938. *El Mago de Oz* de 1939 también fue una película maravillosamente escapista, con la idea central de recuperación, de estar a salvo.

Otro género de películas que fue enormemente popular en la década de 1930 y fue parte de la tradición escapista del cine fueron las películas de monstruos. Los Estudios Universal, en particular, se hicieron conocidos por el elenco de películas de monstruos que produjeron, incluyendo *Frankenstein* (1931), *Drácula* (1931), *La Momia* (1932) y *El Hombre Invisible* (1933). Todas estas películas giraban en torno a tramas similares, una gran amenaza sobrenatural y los héroes trabajando juntos para salvar el mundo. Fue un mensaje tranquilizador en un momento incierto. Sin embargo, ninguna de estas películas capturaría la imaginación como King Kong (1933), la película que algunos todavía consideran la mejor película de terror de todos los tiempos.

No toda la producción de Hollywood era estrictamente de naturaleza escapista. Muchas películas de la época incluían comentarios sociales. Mensajes obvios como en *Robin Hood* (1938) señalaban el concepto de redistribución de la riqueza y que las clases altas eran las enemigas del pueblo. El concepto del poder del hombre común también se exploró en películas como el *Sr. Smith Va a Washington* (1939). Otras películas, como *Sopa de Ganso* (1933), contenían comentarios sociales sobre las tensiones internacionales de la época, y *Tiempos Modernos* (1936) protagonizada por Charlie Chaplin fue una crítica de la naturaleza impersonal del lugar de trabajo industrial y la economía. Ninguna serie de películas o estrellas de cine expresaron el espíritu del Nuevo Acuerdo mejor que Will Rogers.

Llamándose a sí mismo el "Nuevo Distribuidor nº 1", el personaje público de Will Rogers y las películas populares tenían una mezcla de populismo, tradicionalismo radical y la redistribución de la riqueza contenida en las historias. La audiencia de la década de 1930 había perdido la fe en los líderes políticos y ricos, pero los personajes retratados por Rogers en veinticuatro películas diferentes reafirmaban el lugar y el poder de la comunidad. Los personajes principales dejan de depositar su fe en Wall Street y las corporaciones y, en cambio, confían en el americanismo. Rogers, la persona, no el personaje, le dio legitimidad al mensaje al estar profundamente arraigado en la historia de los Estados Unidos, especialmente aquellos que históricamente fueron marginados. Se citaría a Rogers diciendo: "Mi gente no vino aquí en el Mayflower", aludiendo al hecho de que creció en una reserva india en Oklahoma como parte de la Nación Cherokee. Su aceptación y celebración de lo que significaba ser estadounidense tenía más peso que otros. Era más estadounidense que la clase alta europea blanca que había llevado a la nación a su difícil situación actual. Los inmigrantes recientes, los afroamericanos y los blancos de clase baja encontraron resonancia en el mensaje de Will Rogers.

Will Rogers representaba el tradicionalismo radical, pero también había una tendencia dentro de la cultura estadounidense que se enfocaba en encontrar el significado del pasado al mirar en los anales de la historia para ver qué era bueno para Estados Unidos y qué podría ser útil para el estado actual de las cosas. *Lo que el Viento se Llevó* (novela de 1936; película de 1939) fue una celebración del sur previo a la Guerra. Aunque la trama principal era una historia de amor épica, el tema de levantarse después de la catástrofe fue un elemento clave del atractivo del libro y la película. Si Scarlett (el sur) pudiera recuperar su protagonismo después de la devastación, entonces quizás Estados Unidos podría hacer lo mismo.

Del mismo modo, las obras de Laura Ingalls Wilder evocaban un espíritu similar. De naturaleza semiautobiográfica, las historias de Wilder cuentan la historia de una familia pionera en su camino hacia el oeste en busca de una vida mejor. A través de una serie de aventuras, confrontando la naturaleza, los nativos americanos y las dificultades económicas, Wilder y su familia pudieron perseverar y eventualmente prosperar. Escritos a lo largo de la década de 1930, los libros de "Pequeña Casa" proporcionaron una historia exclusivamente americana, con la que muchos estadounidenses de clase media podrían relacionarse. Vieron en la historia de Wilder aspectos de su propio pasado. Si ellos, como sus antepasados pioneros, pudieran sobrevivir al duro mundo del oeste americano, entonces tal vez podrían capear de manera similar la tormenta de la Gran Depresión.

Un tema general en gran parte de la cultura americana durante la Depresión fue la búsqueda de lo que era el estilo de vida estadounidense. Con este fin, muchos aspectos tradicionales de la cultura americana fueron investigados y celebrados. La música popular tuvo un interés especial para los curadores culturales como John Lomax y su hijo Neil. Además, había un interés sustancial en el arte popular estadounidense, como la fabricación de muebles del siglo XIX y de acolchados. Libros, como el *Humor Americano: Un Estudio del Carácter Nacional* (1931) de Constance Rourke y *El Florecimiento de Nueva Inglaterra* (1936) de los Libros de Van Wyck, intentaron descubrir cuáles eran las bases de la América moderna. Estos libros y muchas otras obras culturales buscaron descubrir qué hizo a Estados Unidos tan grande, más allá de sus éxitos financieros, industriales e innovadores de la década anterior. Los aspectos que aún sobrevivieron después de la Depresión mostraron que el éxito material podría ser muy fugaz.

Esta búsqueda de la América "real" fue más evidente en el resurgimiento de la religión en la vida estadounidense. El año 1934 es considerado crucial en la historia de la religión en los Estados Unidos. El protestantismo evangélico vio los mayores avances durante el período. El mensaje general de muchas religiones fue el establecimiento de la jerarquía teológica que muchos vieron abandonada en la década anterior. Además, enfatizaba los aspectos personales del fracaso en lugar de la idea de un fallo sistemático dentro de los Estados Unidos. El estilo de vida americano no tuvo la culpa, pero el individuo había fallado.

Alcohólicos Anónimos, fundada en 1935, es un excelente ejemplo de esta noción. El alcohólico individual tiene un problema con la bebida, no toda la sociedad. Para recuperarse del alcoholismo, el alcohólico necesitaba "estar bien con Dios". El grupo fue fundado por un ex corredor de bolsa, Bill Wilson, y un proctólogo, el Dr. Bob Smith. Los dos se conocieron cuando Wilson estaba en un viaje de negocios en Akron, donde Smith practicaba la medicina. Los dos se conocieron y desarrollaron un enfoque para ayudar al alcohólico individual a través de interacciones personales y grupales. Su enfoque fue codificado en 1939 con la publicación del libro, *Alcohólicos Anónimos*, de donde proviene el nombre del grupo. Finalmente, el grupo se extendió por todo Estados Unidos y, eventualmente, por todo el mundo.

Del mismo modo, el surgimiento de los libros de autoayuda, como Cómo ganar amigos e influir en las personas (1936) de Dale Carnegie, fue otro ejemplo de la culpa del individuo, no de la sociedad. A medida que el Nuevo Acuerdo estaba haciendo cambios importantes en la economía estadounidense y otras voces más extremas pedían mayores cambios, Carnegie enfatizó trabajar en las relaciones personales para mejorar no solo la situación actual, sino para mejorar la sociedad en general, sin quebrantos en la mayor estructura socioeconómica. Otro autor de autoayuda similar a Carnegie, Henry C. Link, publicó *La Vuelta a la Religión* (1936) que une las ideas de religión y la mejora de la personalidad. En su trabajo, Link incluso desarrolló una forma de descubrir cuán efectiva era una persona a través de su "cociente de personalidad". El mensaje era claro; tener una personalidad ganadora, no un cambio sistemático, era la salida de la Depresión.

Igual de importante para las organizaciones para alcohólicos y religiosas era la idea de trabajar con otros. La base que muchos buscaban como el estilo de vida americana era ser parte de algo más grande, de unirse, de encajar. En el caso de AA, trabajar y reunirse con otros alcohólicos; sin embargo, muchos otros grupos florecieron durante la década de 1930, si no por razones completamente altruistas o políticas, simplemente para mantenerse ocupados. Sin embargo, fueron estos compromisos con otros, con las organizaciones, los que se convirtieron en la tarjeta de presentación de la década.

El concepto de trabajar con otros, de unirse, también fue parte de una agenda más radical. No sería justo decir que todos los que se unieron a organizaciones políticas en la década de 1930 simplemente lo hacían para mantenerse ocupados hasta que volviera el empleo. A medida que la depresión se profundizó, muchos intelectuales en los Estados Unidos cuestionaron abiertamente la viabilidad del capitalismo y la tradición occidental del liberalismo. Filósofos como John Dewey cuestionaron abiertamente los modos tradicionales de pensar sobre el gobierno estadounidense y la economía. Miraron a la nueva Unión Soviética y vieron el éxito. José Stalin parecía haber ordenado una región caótica del mundo mientras Occidente estaba al borde del colapso. A medida que la depresión empeoraba bajo Hoover, muchos abogaron por el abandono total de la empresa privada.

Cuando Roosevelt asumió el cargo y el Nuevo Acuerdo se convirtió en el punto focal de la acción del gobierno, los pensadores más radicales sintieron que el programa no iba lo suficientemente lejos. Creían que Roosevelt, él mismo un vástago de riqueza y los privilegios, estaba demasiado atado a las viejas nociones republicanas del capitalismo. Estos pensadores creían que, el Nuevo Acuerdo era tan desorganizado como el capitalismo mismo. A lo largo de la década de 1930, estas ideas radicales encontraron aliados en varios artistas. Hubo un impulso para encontrar una verdadera cultura de la clase trabajadora dentro de los Estados Unidos. Autores como Upton Sinclair, Richard Wright y James Agee exigieron acciones del gobierno y la sociedad. Quizás la novela más conocida de la época fue Viñas de Ira (1939) de John Steinbeck, que es una de las críticas más duras de la sociedad estadounidense que se haya producido.

Según el historiador Michael Denning en su trabajo El Frente Cultural (1996), la década de 1930 fue un segundo renacimiento estadounidense de la cultura americana, en gran parte producto de la clase trabajadora e influenciado por ella. O, como él lo llama, "la proletarización de la cultura americana". Gran parte de esta cultura de la clase trabajadora era una extensión de un movimiento que emanaba de la Unión Soviética, denominado Frente Popular.

Antes de discutir en mayor detalle el Frente Popular y sus implicaciones culturales, se debe hacer un breve inciso sobre el Partido Comunista, específicamente el Partido Comunista de EE. UU. (PC EE. UU.). El PC EE. UU. se fundó en 1919 como una división del ala más izquierdista del Partido Socialista del Trabajo. No era el mejor momento para armar un nuevo partido comunista en los Estados Unidos. El año 1919 fue un período muy anticomunista dentro de los Estados Unidos, que culminó con las Redadas de Palmer y el Primer Temor Rojo. Debido a la represión de las actividades de izquierda por el gobierno federal, especialmente a través de la recién formada Oficina Federal de Investigación (FBI) y las disensiones internas entre los miembros del partido comunista, el PC EE. UU. solo tenía unos 6.000 miembros en 1932.

Durante la Gran Depresión, muchos se desilusionaron con el capitalismo y la estructura del gobierno de los Estados Unidos. La membresía en el PC EE. UU. creció por miles, alcanzando un punto alto más adelante en la década con 55.000 miembros. La elección de Roosevelt y el Nuevo Acuerdo también fue una bendición para el PC EE. UU., especialmente después de que el partido dejara de oponerse tan abiertamente a FDR y las políticas demócratas. El PC EE. UU. todavía se oponía a la segregación racial y a otras políticas racistas de los demócratas del sur, pero el aumento de la membresía sindical a lo largo de la década fue visto como una ganancia neta al considerar el objetivo general de la revolución contra el capitalismo. En las elecciones de 1936, el PC EE. UU. no hizo campaña abiertamente por los demócratas, sino que los veía como la mejor alternativa.

Los acontecimientos internacionales llevaron a un llamado a una unidad aún mayor entre comunistas, liberales clásicos, socialistas y centristas. El surgimiento del fascismo en Europa en países como Italia, España y especialmente Alemania hizo que la Internacional Comunista (COMINTERN) emitiera una directiva de que todos los partidos comunistas en el mundo deberían trabajar juntos para derrotar al fascismo creando un Frente Popular. Dentro de los Estados Unidos, el Frente Popular era más que el PC EE. UU. Había una gran actividad dentro del movimiento laboral y también entre los afroamericanos que vivían en Harlem.

El objetivo político del Frente Popular era una resistencia global unida contra el fascismo. Para llevar a cabo ese objetivo, el Frente Popular se involucró en diversas actividades, desde organizar y protestar hasta hacer campaña, y especialmente la divulgación cultural. El movimiento ideal era una combinación de proletarios, escritores, artistas e intelectuales que llegaban a las masas de la población estadounidense. Una de las principales formas de hacer esto era participar en agitprop o propaganda de agitación. Varios artistas, como Woody Guthrie y Paul Robeson, interpretaron varias canciones antifascistas y hablaron en contra del fascismo y la injusticia racial.

En varios momentos de la década de 1930, las actividades culturales del Frente Popular fueron la vanguardia del proletariado, una cultura de movimiento, parte de la cultura patrocinada por el estado y parte de la cultura de masas. Jóvenes artistas formaron clubes y sociedades para promulgar nuevas direcciones en el arte de izquierda. Como parte del movimiento, muchos de esos mismos artistas actuaron para reuniones sindicales y en manifestaciones. Como se mencionó en un capítulo anterior, muchos escritores, actores y otros fueron empleados en varios proyectos de artistas bajo la Administración de Proyectos de Obras

Esta combinación de arte y activismo se ejemplifica mejor con la sindicalización de muchos actores de Hollywood. El Gremio de Actores de Cine (GAC) se fundó en 1933. El Gremio de Directores de América se fundó (como el Gremio de Directores de Cine) en 1936. A lo largo de la década de 1930, los animadores de cine intentaron organizarse y tuvieron un éxito limitado. Sin embargo, sus huelgas dieron algunas de las mejores señales de piquetes jamás vistas en una huelga con personajes de dibujos animados favoritos que tenían consignas sindicales.

El Frente Popular y los otros aspectos de la cultura de la era de la Gran Depresión los convierten en uno de los momentos más vibrantes de la cultura americana. No fue una propaganda izquierdista monolítica, ni simplemente un momento para mirar hacia atrás, idealizando un estilo de vida estadounidense que nunca existió realmente. La dura realidad de la época tuvo un gran efecto en los materiales producidos en muchos géneros y formas de arte diferentes. Al investigar la cultura del período, se nos da una lente diferente por la cual podemos entender las complejidades de la Gran Depresión y de los que la experimentaron.

Capítulo 7: El Deporte y la Gran Depresión

Los héroes del deporte de la década de 1930 reflejaban un abandono del glamur de los héroes de la década de 1920. Babe Ruth terminó su carrera en 1934, y el jugador de béisbol que se convertiría en la cara del béisbol no podía ser más diferente a Ruth. Lou Gehrig era todo lo que no era Ruth. Tranquilo, reservado, Gehrig llegaría al béisbol mucho más como un trabajador que como una diva. Durante la década de 1930, la cantidad de partidos que Gehrig jugó consecutivamente le valió el apodo de "El Caballo de Hierro". Fue ese aspecto de Gehrig lo que lo hizo especialmente popular durante la Depresión. Su dedicación a su trabajo y no tomarse un día libre inspiraría a otros no solo a apreciar su arduo trabajo, sino también a encontrar inspiración en su firme ejemplo. Cuando tener un trabajo era una victoria en sí misma, ser firme como Gehrig era visto como el ideal.

Pero Gehrig era más que un simple trabajador. Fue uno de los jugadores de élite de su época. Al principio con Babe Ruth, luego sin el famoso toletero, Gehrig llevó a los Yankees a tres campeonatos consecutivos de la Serie Mundial. Fue el jugador más valioso de la liga en 1936. Todavía jugaba a un alto nivel en 1937, pero sufrió una caída considerable en 1938, y luego sucedió lo impensable en 1939. Lou Gehrig le dijo a su director técnico que lo sacara como jugador titular para beneficio del equipo. El Caballo de Hierro no pudo responder el llamado.

El diagnóstico de esclerosis lateral amiotrófica (ELA) conmocionó a la nación. No solo era una enfermedad muy rara, sino que sus efectos debilitantes eran la antítesis de la forma en que Gehrig había abordado su oficio. Un hombre conocido por su perdurabilidad y fortaleza estaba literalmente consumiéndose. Sin embargo, Gehrig se convertiría quizás en un héroe aún más famoso por la forma de enfrentar su futuro. El 4 de julio de 1939, Gehrig pronunció uno de los discursos más memorables de la historia de Estados Unidos. La imagen más famosa del evento fue la de Gehrig, que se veía frágil de pie ante un estadio colmado, diciéndoles que creía que era "el hombre más afortunado en la faz de la tierra". La gracia de Gehrig al enfrentar tal adversidad consolidó su legado como una de las figuras del deporte más queridas de la década de 1930 y el siglo XX.

El béisbol siguió siendo el deporte más popular en los Estados Unidos durante la década de 1930, y Gehrig fue una de sus estrellas más importantes, representando al hombre común con su ética de trabajo. Por otro lado, los Cardenales de San Luis y su famosa "Pandilla Gashouse", representaban una perspectiva casi escapista. A diferencia de los incondicionales y profesionales Yankees de Nueva York y su líder Gehrig, los Cardenales eran un equipo rápido y suelto, liderado por un grupo de hermanos que casi sonaba como el elenco de una película de los Hermanos Marx. Dizzy y Daffy Dean lideraban el equipo, y como sus apodos sugerían, eran más excéntricos que el jugador de béisbol promedio. El equipo de 1934 asumió la personalidad excéntrica de los hermanos, y la prensa también les puso apodos a otros miembros del equipo. El equipo tenía una apariencia sucia y jugaba duro. Superaron a los Gigantes de Nueva York para ganar la Liga Nacional y ganaron la Serie Mundial sobre los Tigres de Detroit, 4 juegos a 3.

Definitivamente fue la era del trabajador esforzado. Además de las figuras de béisbol, un caballo también capturó la imaginación del pueblo estadounidense durante la década de 1930. Seabiscuit era un caballo pequeño, ligeramente inferior al promedio durante gran parte de la primera parte de su carrera, pero en 1936 se volvió casi imbatible. Seabiscuit tuvo cierto éxito en la parte este del circuito de carreras, pero con un movimiento hacia el oeste, comenzó a ganar fácilmente. En 1937, ganó 11 de las 15 carreras en las que participó. Seabiscuit fue también el que hizo ganar más dinero del año. El ganador de la Triple Corona de ese año, Almirante de Guerra, fue nombrado el caballo del año.

En 1938, Seabiscuit tuvo otro año exitoso, a pesar de que su jinete habitual tuvo una serie de lesiones graves. A finales de año, en lo que se llamó la "Carrera del siglo", Seabiscuit se enfrentó cara a cara con el Almirante de la Guerra en el hipódromo de Pimlico. Fue una carrera cerrada, con el liderazgo cambiando de Seabiscuit al Almirante de Guerra en la recta final. Sin embargo, en el tramo final de 200 yardas, Seabiscuit aceleró y tomó la delantera, y finalmente ganó por cuatro largos. La carrera fue muy concurrida, con espectadores interfiriendo en el cuadro, y se transmitió por radio. Fue el mayor logro de la carrera de Seabiscuit. El caballo fue retirado en 1940 y puesto a semental por el resto de su vida.

Seabiscuit no era el caballo más elegante o hermoso, pero en él, la gente veía a un corredor que trabajó más duro que su competencia y se inspiró en sus hazañas en la pista de carreras. Antes de su éxito en 1936, muchos de los propietarios y entrenadores de caballos establecidos habían renunciado a Seabiscuit, pero su dueño, Charles Howard, creyó en él. Como tantos héroes de la época, Seabiscuit era visto como un desvalido, un corredor que solo necesitaba un poco de fe y una oportunidad para convertirse en un éxito.

Del mismo modo, James J. Braddock, el Hombre Cenicienta, no fue un gran luchador en la primera parte de su carrera, pero para muchos se convertiría en un héroe durante la década. Al igual que muchos americanos, Braddock luchó durante la Depresión para encontrar un trabajo estable. Parecía que su carrera en el boxeo había terminado por una fractura en la mano derecha. Debido a una cancelación tardía, se le pidió a Braddock que reemplazara a otro boxeador. Desafiando las probabilidades, Braddock ganó la pelea, y durante el próximo año reunió una serie de victorias como para ganar una oportunidad por el título de peso pesado. Llegando como un perdedor 10-1, Braddock perturbó al campeón, Max Baer, y le ganó.

El atractivo de Braddock provenía de su historia de un origen miserable a su riqueza, pero también del trabajo duro que hizo para lograr el título. Cuando estaba fuera del boxeo, Braddock trabajaba intermitentemente en los muelles de Nueva York y a veces se vio en dificultades para alimentar a su familia. Braddock también fue muy franco cuando discutió sus dificultades antes del boxeo y la suerte que tuvo, inspirando a innumerables fanáticos con su historia. Al igual que Gehrig, Braddock era el hombre común, el gran trabajador y, como Seabiscuit, si se le daba la oportunidad, podía hacer grandes cosas. Más que nada, este era un ideal hacia el cual se inclinaban los trabajadores de la Depresión. Al igual que sus héroes más grandes que la vida, si se les da la oportunidad, podrían, aunque en menor escala, demostrar que eran dignos de empleo y reconocimiento.

Braddock retuvo el título de peso pesado durante dos años, pero hasta ese momento no se había enfrentado a ningún rival en ninguna pelea. Cuando se presentó en una, Braddock perdió el título en su primera defensa. Fue noqueado por completo en el octavo asalto, no un nocaut técnico. Braddock, el difícil de humillar, encontró su par en uno de los mejores boxeadores de todos los tiempos, Joe Louis. Aunque Braddock era joven y rápido con un poder devastador, nunca tuvo oportunidad de ganar frente a Louis. "El Bombardero Pardo", como llegaría a ser conocido Louis, causó sensación.

Louis formaría parte de la experiencia afroamericana del siglo XX. Oriundo de la zona rural de Alabama, cuando tenía doce años, su madre se unió a los miles de afroamericanos que se mudaban a las ciudades industriales del norte como parte de la Gran Migración, en busca de mejores oportunidades para ella y su familia. Su hermano trabajaría para la Compañía de Automotores Ford y Joe también lo haría durante un tiempo. Sin embargo, el boxeo era su verdadera vocación. Comenzó su carrera como aficionado a los 17 años y en dos años debutaría como profesional. Aunque oficialmente no lo segregaron, el boxeo profesional no estaba exactamente abierto a los afroamericanos, que a menudo eran contendientes peligrosos para los campeonatos. Dentro de la comunidad del boxeo blanco, promotores, directores técnicos y fanáticos por igual, todavía estaban resentidos por el título de Jack Johnson, un boxeador afroamericano que cuestionaría las leyes racistas de Jim Crow desafiando abiertamente las políticas de segregación y saliendo con mujeres blancas. En respuesta, el equipo directivo de Louis controlaría estrictamente su imagen pública con el objetivo general de obtener acceso a peleas mucho más lucrativas.

La estrategia funcionó. Para 1935, Louis estaba ascendiendo en la clasificación de la categoría de pesos pesados. También se estaba convirtiendo en el atleta más popular entre los afroamericanos. Con cada victoria, las comunidades afroamericanas de todo el país celebrarían a "su campeón". Sin embargo, el atractivo de Louis traspasaría las fronteras raciales. Especialmente en casos cuando peleaba con boxeadores de otros países, en particular con aquellos que tenían creencias decididamente antiamericanas. La primera pelea que tomaría una dimensión política fue contra el excampeón italiano Primo Carnera. Para el público, Carnera representaba al gobierno fascista de Mussolini, quien estaba por invadir Etiopía. Louis era visto como el defensor de la democracia y del pequeño país africano que estaba siendo invadido. Louis noqueó a Carnera en seis asaltos, y fue vista como una victoria simbólica para los países oprimidos y para la gente de ascendencia africana. El mayor rival en la carrera de Louis también provenía de un país fascista. Los combates entre Louis y Max Schmeling se volvieron legendarios.

Schmeling y Louis pelearon dos veces, en 1936 y 1938. Ambas peleas se desarrollaron en un ambiente electrizante con implicaciones geopolíticas. En la primera pelea, ambos boxeadores fueron los principales contendientes por el título de peso pesado, ya que en ese momento ninguno de los dos tenía el título. Louis entró en la pelea después de una racha de 24 victorias consecutivas y tomó a Schmeling a la ligera, sin entrenar tan vigorosamente como lo hacía normalmente. Schmeling estaba listo y derrotó a Louis por nocaut en la ronda 12ª de 15. Schmeling regresó a Alemania como héroe nacional y como "prueba" de la superioridad de la raza aria.

Después de que Louis ganara el título de Braddock, la pelea que necesitaba para demostrar su legitimidad era una revancha con Schmeling. Si bien la pelea de 1936 fue un gran evento por derecho propio, la revancha de 1938 ahora se recuerda como uno de los eventos deportivos más históricos del siglo XX. Louis entrenó tan duro como nunca lo había hecho para una pelea, deseando calmar cualquier duda de que era el mejor boxeador del mundo. Además, Louis sintió una inmensa presión para vecer al representante de la Alemania nazi. Incluso Franklin Roosevelt presionó a Louis, diciendo que boxeadores como él eran lo que se necesitaba para vencer a Alemania. Por su parte, Schmeling estaba acompañado por un funcionario nazi quien proclamaría que sería imposible que un hombre negro derrotara al racialmente superior Schmeling.

Bajo tanta presión popular y política, Louis cumplió en todos los frentes. Derrotó a Schmeling en la primera ronda, derribándolo tres veces. El entrenador de Schmeling considero suficientes los golpes y tiró la toalla, terminando la pelea. Las celebraciones estallaron en todo el país, especialmente en las comunidades afroamericanas. Para muchos, fue una reivindicación de la igualdad racial por la cual habían estado luchando durante toda su vida. En un sentido más general, hizo que los americanos creyeran que, a pesar de sus diferencias y las dificultades de la Depresión, la nación era fuerte y, si era necesario, podía luchar en una guerra. Curiosamente, cuando Estados Unidos entró en la Segunda Guerra Mundial, Louis se alistó como soldado raso. En el transcurso de la guerra, viajaría más de 20.000 millas, participando en innumerables exhibiciones de boxeo levantando la moral de las fuerzas de los Estados Unidos.

Al igual que Joe Louis, otro atleta afroamericano, asumiría simbólicamente el rol de la lucha contra el nazismo. Los Juegos Olímpicos de 1936 se celebraron en Berlín, y la competencia pretendía ser un escaparate para Adolf Hitler y su régimen nazi. Las Olimpiadas no solo fueron una oportunidad para mostrarle al mundo cuán lejos había llegado Alemania desde la Primera Guerra Mundial, sino también una oportunidad para demostrar la superioridad genética de la raza aria. Por el contrario, Jesse Owens dominaría los juegos como pocos atletas alguna vez lo habían hecho. Ganó cuatro medallas de oro, tres en eventos individuales y una en el relevo de 4 x 100. Al igual que la victoria de Louis sobre Schmeling dos años después, los afroamericanos vieron a Owens como un ejemplo de su igualdad racial y de lo absurdo de la segregación racial. También expuso a mucha gente de todo el mundo a la viciada lógica de una raza superior.

Todavía existe cierta controversia sobre lo que sucedió después de que Owens ganara sus medallas en Berlín. En ese momento se informó que Adolf Hitler despreciaba a Owens y a sus compañeros ganadores afroamericanos. Más tarde, Owens sostuvo que Hitler no despreciaba a los competidores, sino que necesitaban estar en otro lugar. Robert Vann, editor del periódico afroamericano *El Mensajero de Pittsburgh*, escribió que vio a Hitler saludar a Owens cuando salía del estadio. Finalmente, uno de los ministros de Hitler escribió que Hitler estaba irritado por las victorias de los no arios y creía que tales corredores, que tenían una ventaja física injusta, deberían ser prohibidos en futuros juegos. Todo esto podía ser cierto hasta cierto punto. Owens no creía que Hitler lo rechazara, y Hitler abandonó el estadio para evitar la vergüenza de ver a la "raza superior" seguir perdiendo.

Lo que trajo a la luz la hipocresía de la injusticia racial fue cuando Jesse Owens regresó de los Juegos Olímpicos. Como la mayoría de los afroamericanos estaban apoyando a Franklin Roosevelt en su intento de reelección en el otoño de 1936, Owens se negó, señalando que el presidente no le envió ninguna felicitación después de sus victorias, ni el presidente extendió una invitación a la Casa Blanca. En cambio, Owens hizo campaña por el oponente republicano de FDR, Alf Landon. Además, mientras estaba en Alemania, Owens podía moverse libremente, no siendo segregado de los otros participantes. Cuando él y su esposa llegaron al Hotel Waldorf-Astoria en Nueva York, Owens fue rechazado en la puerta principal, a pesar de que estaba siendo honrado por sus victorias olímpicas. Se vio obligado a entrar por la entrada de la cocina.

Quizás el mejor atleta de la década de 1930 fue una campeona olímpica, una jugadora de baloncesto de la Unión de Atletismo Aficionado (UAA) All-American (una deportista honrada como una de las mejores aficionadas de los EE. UU.), y una de las mejores golfistas de todos los tiempos. Mildred Ella Didrikson, mejor conocida como Babe, parecía poder competir en cualquier deporte en el que participara.

Ganó dos medallas de oro y una de plata en atletismo durante los Juegos Olímpicos de verano de 1932. Aprovechando su fama como campeona olímpica, Didrikson fue la lanzadora en varios juegos de entrenamiento de primavera de las grandes ligas en 1934. También jugó con el arrollador equipo de Michigan, la Casa de David. Sin embargo, fue en 1935 cuando Didrikson encontrara el deporte en el que posiblemente era la mejor, el golf. Mucho antes de la fundación de la Asociación de Golf Profesional de Damas (AGPD) en 1950, Didrikson estaba compitiendo a un nivel de élite en los campos de golf. En 1938, ingresó al Abierto de Los Ángeles y es reconocida como la primera mujer en competir en un evento contra hombres. Más adelante en su carrera, participaría en tres torneos masculinos más y en dos de ellos llegó a finalista.

Didrikson fue pionera en el atletismo femenino e inspiró a futuras mujeres. No fue solo su destreza en el campo o el óvalo de la pista lo que fue inspirador. Aunque era una atracción popular mientras estaba de gira, también se enfrentó a una gran discriminación. Fue llamada antinatural y varonil. Los periodistas a menudo comentaban su aspecto masculino y la llamaban homely (poco agraciada). Didrikson no solo lo tomó con calma, sino que pareció prosperar con los comentarios. Al igual que el otro Babe famoso de los deportes, Didrikson era audaz y temeraria con un ingenio que a veces rayaba lo procaz. Ella cambió la forma en que el público veía a las atletas, especialmente a las golfistas. No era una pequeña sociedad de chicas. Didrikson era fuerte y estaba orgullosa de mostrar su fuerza a la multitud. Se sabe que ella tuvo una relación lésbica con una de sus compañeras golfistas. Debido al clima social de la época, Didrikson no pudo ser franca sobre su sexualidad. Fue reconocida como una pionera de la comunidad LGBTQ al ser incluida en el Legacy Walk (exhibición pública al aire libre en Chicago, que celebra la defensa de diversidad sexual) en Chicago, Illinois en 2014.

Al igual que otros aspectos de la cultura en la Depresión, el deporte jugó un papel importante en la vida de los americanos. Como un medio de escape o inspiración, el deporte en la década de 1930, al igual que otras formas de entretenimiento, proporcionó un valioso medio para hacer frente a las realidades de la crisis económica. La inspiración iría más allá de lo personal y fue la inspiración para la nación a medida que se involucraba cada vez más en las corrientes que condujeron a la Segunda Guerra Mundial. Al igual que en otras épocas, los héroes del deporte de la década de 1930 fueron un reflejo de su tiempo. Trabajadores denodados y con frecuencia desvalidos, ya fuera en su deporte (Braddock y Seabiscuit) o en la sociedad en general (Louis y Owens), los héroes de la década de 1930 eran reconocibles para los americanos promedio. La gente veía que el trabajo arduo valía la pena y quería creer que, si se les daba una oportunidad, podrían demostrar su valía del mismo modo que sus ídolos.

Capítulo 8: La Celebridad Fuera de la Ley en la Gran Depresión

La sociedad y la cultura americana tienen una larga historia de interés en forajidos y delincuentes. Desde los días de la frontera oeste hasta la era de la ley seca, siempre hubo un interés en el lado más sórdido de la sociedad estadounidense. Este interés continuó y algunos argumentan que alcanzó un pico durante la Gran Depresión. Especialmente en las regiones del Medio Oeste y el Valle del Mississippi del país, una fascinación con los forajidos catapultó a algunos criminales de celebridades locales a leyendas americanas que aún capturan nuestra imaginación. Aunque los motivos reales de estos criminales estaban lejos de ser altruistas, el atractivo popular de ellos surgió de la percepción de que se rebelaban contra la estructura de poder a la que muchos estadounidenses veían como el verdadero criminal. No es de extrañar que el crimen favorito de tantos infractores de la ley fuera robar bancos. Algunas veces operando como una pandilla y otras solos, todos estos forajidos aún resuenan en la cultura popular.

En un caso, fue más que solo una pandilla criminal, sino un acontecimiento familiar. Después de reunirse en prisión, Fred Barker y Alvin Karpis formaron la Pandilla Barker-Karpis. Poco después de reunir un equipo, Fred Barker trajo a su hermano, Arthur "Doc" Barker. Aunque había un elenco rotativo de asociados, los Barker y Karpis eran quienes decidían qué bancos robar. A medida que su reputación crecía, decidieron que robar bancos se había vuelto demasiado arriesgado y decidieron probar suerte con los secuestros. En dos casos de alto perfil, ambos relacionados con hombres de la industria cervecera, la banda de Barker-Karpis se llevó cerca de 300.000 dólares.

El segundo secuestro resultó ser la ruina de la pandilla. El dinero utilizado para pagar el rescate había sido marcado por el FBI, y las autoridades pudieron localizar a los delincuentes. Es aquí donde salió a la luz otro aspecto fascinante de la pandilla. Cuando los agentes federales se mudaron a la casa donde se escondían, solo Fred Barker y su madre estaban presentes. Se produjo un tiroteo de una hora. Al final, tanto Fred como Mama Barker fueron asesinados. Posteriormente, el FBI afirmó que no solo la madre de los hermanos fuera de la ley había participado en el tiroteo fatal, sino que ella era la mente maestra detrás de gran parte de su actividad criminal. No hay evidencia de que Mama Barker haya tenido algo que ver con la ola de crímenes de la pandilla, pero la idea era demasiado atrayente como para que el público la abandonara. Desde su muerte en 1934, las caracterizaciones de Ma Barker han sido parte de películas y espectáculos de televisión. La figura materna dominante dentro de una organización delictiva casi se ha convertido en un arquetipo.

La imagen de una familia involucrada en un reino de terror era como una versión siniestra de la familia Joad de *Las Viñas de Ira*. En lugar de mudarse al oeste en busca de una vida mejor, la familia Barker se quedó en casa y consiguió tener una vida mejor sacándola de los bancos que, a los ojos de muchos, era los causantes de la Depresión. Incluso los secuestros podrían verse como una retribución kármica. La primera víctima fue William Hamm, hijo del dueño de la Cervecera Hamm. La segunda víctima fue Edward Bremer, presidente del Banco Estatal Comercial y parte de la Compañía

Cervecera Schmitt. Especialmente en el Medio Oeste, las compañías cerveceras eran algunas de las industrias más grandes de la región. En el caso de Bremer, no solo representaba a las grandes empresas, sino también a la industria bancaria. Si bien la mayoría de la gente nunca soñaría con cometer crímenes tan horribles, fue un poco una fantasía voyerista de ver bajarle los humos a los acomodados.

Otra pandilla que atraería la atención del público debido a la naturaleza escandalosa de su relación fue la organización criminal de Bonnie Parker y Clyde Barrow, mejor conocida simplemente como Bonnie y Clyde. Parker conoció a Barrow en 1930 y pronto se unió a su banda de forajidos. Durante los siguientes cuatro años, la Banda Barrow cometió robos y asesinatos desde Texas hasta Minnesota. Sus hazañas llevaron a una gran cacería humana en toda la región y a múltiples tiroteos con la policía.

No era tanto el aspecto criminal de su relación lo que intrigaba al público, sino su relación romántica. La idea de una pareja de forajidos huyendo, teniendo sexo explícito sin casarse, surgía de novelas baratas que eran populares en ese momento. Además, los horripilantes detalles de su muerte solo se sumaron a su mística como amantes criminales nacidos bajo una mala estrella. Bonnie y Clyde murieron en una emboscada de la policía en un camino rural en Luisiana, y el grupo que los atacara disparó más de 120 balas contra su automóvil.

Muertos, Bonnie y Clyde se volvieron aún más famosos. Más de 20.000 personas asistieron al funeral de Bonnie Parker. Casi inmediatamente después de su muerte, el automóvil en el que fueron asesinados se convirtió en una atracción turística. Todavía está en exhibición en un restaurante y casino a las afueras de Las Vegas, Nevada. Cada año, en el aniversario de su muerte, miles se reúnen en el lugar de la emboscada para celebrar a Bonnie y Clyde.

El único criminal que rivaliza con Bonnie y Clyde por su popularidad duradera es John Dillinger. Al igual que Bonnie y Clyde y los Barker, el oficio de Dillinger era ladrón de bancos. Sin embargo, no fueron sus robos lo que lo hicieron famoso, sino sus hazañas después de ser capturado. En el invierno de 1934, Dillinger fue transportado de Arizona a Indiana para ser juzgado por los crímenes que cometió en ese estado. El 3 de marzo, escapó de la prisión en Crown Point, Indiana. Todavía se debate en qué forma Dillinger exactamente logró escapar. Según un relato, había introducido en su celda un arma de contrabando. Según el FBI, talló una pistola falsa de una papa. Otros creen que usó una navaja del estante de efectos personales en su celda para tallar un arma. Independientemente de las circunstancias, Dillinger escapó y condujo al FBI a una cacería humana por todo el alto Medio Oeste.

Fue durante esta época cuando Dillinger se convertiría en una sensación nacional. Al igual que el público veía el robo de bancos como una especie de contraataque a los poderes fácticos, Dillinger estando un paso por delante de la policía era visto como una especie de héroe. El hombre común, incluso aunque fuera un forajido, estaba burlando a la autoridad. Además, circulaban rumores de que estaba disfrutando de su tiempo como prófugo. Vivir en Chicago, salir con varias mujeres y asistir a los juegos de su equipo de béisbol favorito, Los Cachorros de Chicago, convertirían a Dillinger en una figura casi del tipo Robin Hood.

Al igual que Bonnie y Clyde, Dillinger encontró un final violento y hubo un toque de romanticismo ligado al escándalo. Cuando asistía a una película con su novia y una señora que era una amiga de ambos, dicha señora informó al FBI dónde iba a estar Dillinger. Para asegurar su identidad, la señora usaría un vestido rojo (algunos relatos dicen naranja) para señalarlo en el grupo. Nacía la famosa leyenda de la "Dama de Rojo". Dillinger, sin darse cuenta de la traición hasta que fue demasiado tarde, intentó escapar por un callejón junto al teatro y recibió un disparo en la espalda.

Al igual que ocurriera con Bonnie y Clyde, hubo una fascinación por John Dillinger después de su muerte. La gente usaba periódicos y pañuelos para absorber su sangre del lugar del tiroteo. Más de 15.000

personas fueron a ver el cuerpo en la morgue del condado de Cook, y la gente todavía visita su tumba en Indianápolis, Indiana.

Además de que los delincuentes se convirtieran en nombres conocidos, los hombres que los persiguieron y arrestaron también obtuvieron mayor notoriedad de la que tuvo la aplicación de la ley. Aunque había antecedentes de la Oficina Federal de Investigaciones (FBI), la agencia se fundó oficialmente en 1935. El director del FBI, J. Edgar Hoover, estuvo a la vanguardia de la ley y el orden durante la Depresión y más allá. Comenzando durante la era de la ley seca y continuando con la derogación de la decimoctava enmienda, el FBI publicitó a sus criminales más buscados. Dillinger, Karpis y muchos otros delincuentes fueron declarados "Enemigo Público Número Uno". Con cada arresto de un fugitivo notorio, el siguiente, era publicitado con tanta prensa y fanfarria como fuera posible.

Los agentes del FBI adquirieron una posición casi heroica. Llamados Hombres-G (Hombres del Gobierno), los que hacían el trabajo de campo real eran venerados por la población. Uno de esos agentes, Melvin Purvis, se hizo casi tan conocido como Hoover. Purvis formó parte de las cacerías que detuvieron a Chico Guapo Floyd, John Dillinger y Cara-de Bebé Nelson. Existe cierta evidencia de que Hoover se puso celoso de la buena prensa de su agente y minó su carrera. Purvis renunció al FBI en 1935, pero no terminó con el servicio civil. Durante la Segunda Guerra Mundial, se desempeñaría como espía y reuniría pruebas contra los nazis en los juicios de Nuremberg.

En contraste con el atractivo del forajido, el Hombre-G fue otro héroe de ese momento. Así como había gente que se sentía atraída por el aspecto de los criminales que atacaban a los acomodados, dentro de la cultura de la Depresión también había necesidad de una cierta apariencia de orden en un mundo caótico. Así como la gente seguía las fechorías de la galería de los pícaros de la década de 1930, también contaban los héroes honestos de las fuerzas del orden público para poner orden. Muchas de las películas de la época reflejaron esa actitud. Si bien los personajes centrales a menudo eran criminales, al final siempre eran llevados ante la justicia.

Capítulo 9: Cambios de la Población y la Cultura de la Gran Depresión

La Gran Depresión tuvo un impacto significativo en la cultura de los Estados Unidos. Parte de ese impacto fue el resultado del movimiento de grandes porciones de la población a lo largo de todo el país. Hasta el día de hoy, ambos movimientos tendrían efectos profundos y duraderos en la cultura americana. El primero, el movimiento de los habitantes del suroeste, principalmente a California, fue en gran parte el resultado de la devastación del Cuenco de Polvo. La cultura Okie, como se la conoció, hizo cambios significativos en California y la costa del Pacífico en su conjunto. El otro movimiento durante la Depresión fue una continuación de un movimiento que comenzara durante la Primera Guerra Mundial y continuaría durante toda la Depresión, la migración de los afroamericanos a los centros urbanos del Medio Oeste, Nordeste y más tarde el Oeste alterando no solo la demografía de esas ciudades, sino también sus políticas y culturas.

El atractivo por California ha sido casi una constante en la vida americana. El atractivo por las riquezas rápidas fue el factor inicial en el crecimiento del estado, pero la gente continuaría migrando al Estado Dorado incluso después de que la fiebre del oro hubiera desaparecido. Hasta la década de 1930 y el desastre ambiental del Cuenco de Polvo, la migración a California fue constante, pero no excesiva. También tendió a ser más un fenómeno de clase media. Sin embargo, a medida que el polvo soplaba hacia tierra adentro, la clase económica se hizo decididamente baja. No fue necesariamente la atracción de California, sino más bien un movimiento de desesperación.

Aunque desesperados, los inmigrantes buscaban una vida mejor. La mayoría de los que se dirigían a California eran jóvenes y hombres. Curiosamente, aunque popularmente se piensa principalmente en trabajadores agrícolas rurales, solo alrededor del 36 por ciento de los que emigraban eran agricultores. Más del 50 por ciento de los que se mudaban provenían de áreas urbanas. Al igual que otros movimientos migratorios, muchos de los que viajaron lo hicieron porque ya tenían familiares o contactos en el área. Se mudaron a dos áreas distintas dentro del estado, las ciudades, principalmente Los Ángeles, y los valles, donde la agricultura era la industria principal. Aunque colectivamente se llamaron Okies, los inmigrantes provenían en gran parte de cuatro estados, Oklahoma (naturalmente), Arkansas, Misuri y Texas. California era el principal destino de la gente porque los medios de comunicación populares y el propio estado habían estado anunciando la gran oportunidad que el estado brindaba al recién llegado.

En realidad, cuando se mudaron muchos del suroeste, la idea de una oportunidad económica mejor en California estaba desactualizada. Gracias a la Depresión, no había más oportunidades en el Estado Dorado que en cualquier otro lugar de los Estados Unidos. Antes de la Depresión, los gobiernos estatales y locales, especialmente el de la ciudad de Los Ángeles, eran muy acogedores con los forasteros. Sin embargo, después de la recesión económica, los californianos nativos se volvieron mucho menos hospitalarios e incluso totalmente hostiles a los Okies, un término utilizado peyorativamente a medida que se expandía la migración. Los californianos nativos estereotiparon a los habitantes del suroeste como estrictamente rurales, gente atrasada, que eran antimodernistas y menos calificados que los nativos y otros inmigrantes. La migración del Cuenco de Polvo dio lugar a la creencia de que en California había una "amenaza de vagabundos", y a mediados de la década de 1930 se fundó un grupo, la Asociación de Ciudadanos de California, para resolver el problema migratorio y transitorio que muchos percibían.

Ante tal discriminación, los Okies se aislaron de la gran población de California. Tanto en las ciudades como en las regiones rurales, surgieron por todas partes las "Pequeñas Oklahomas" Aunque nunca fueron barrios permanentes, como la Peña I Italia o el Barrio Chino, las Pequeñas Oklahomas eran áreas en las que se amontonaban los habitantes del suroeste. En tal aislamiento, como otras comunidades étnicas, los miembros del subgrupo Okie encontraron formas de adaptarse a la cultura dominante de California. Los hijos y la generación siguiente pudieron mezclarse más libremente, nuevamente como hijos de una minoría étnica.

Al igual que otros enclaves, los Okies trajeron consigo ciertas actitudes, costumbres y culturas a California. Los habitantes del suroeste estaban muy influenciados por el populismo de la primera parte del siglo XX, y su anti-elitismo y su ética de la igualdad limitada eran claves para su perspectiva política. Era una igualdad limitada porque, al igual que aquellos que permanecieron en el suroeste, la tradición del racismo fue traída al oeste. Si bien una fuerte sensibilidad y solidaridad de trabajadores estaba presente entre los inmigrantes, solo se extendía a sus compañeros blancos.

También afectaba el comportamiento político de los recién llegados su religión evangélica. Muchas de las congregaciones nativas de California no dieron la bienvenida a los Okies, por lo que se vieron obligados a crear sus propias comunidades de fe.

Especialmente influyentes fueron las congregaciones Pentecostales o de Santidad. Para muchos de los inmigrantes, el estilo de predicación y los servicios de culto eran una reminiscencia del hogar. Es un estilo de comportamiento religioso que todavía se practica en todo el país y que ganó una preeminencia que no tenía antes de encontrar sus raíces en California.

Además del aspecto moral de la cultura Okie, también había un lado más secular. A lo largo de California, donde se asentaron los habitantes del suroeste, surgieron estaciones de servicio y honky tonks (tipo de bar con acompañamiento musical). Para cada espíritu evangélico, también estaba el "buen muchacho" (un hombre que encarna las cualidades consideradas características de muchos hombres blancos del sur de los EE. UU). El aspecto más destacado de este está mejor representado en la música que se hizo popular, es decir, la música country. Si bien el hogar de la música country siempre será Nashville, Tennessee, los inmigrantes del suroeste trajeron su música con ellos. La influencia de la cultura Okie se podía ver, especialmente cuando el sonido se volvió dominante en las películas. Como se mencionó en el capítulo anterior, Will Rogers era originario de Oklahoma. Gene Autry se hizo famoso como el vaquero cantante. La cultura del suroeste era, y sigue siendo, un aspecto dominante de la cultura popular.

Al igual que el movimiento de masas de los blancos del sudoeste a California, el movimiento de los afroamericanos del sur rural al norte urbano fue una tendencia demográfica significativa en la historia de los Estados Unidos del siglo XX. Llamado la Gran Migración, el movimiento de afroamericanos alteró radicalmente las ciudades estadounidenses y el sur que habían dejado.

Los afroamericanos comenzaron a mudarse durante la Primera Guerra Mundial cuando dos circunstancias clave impulsaron la migración. Primero, a pesar de que Estados Unidos no estaba en guerra, las ciudades industriales del noreste estaban desesperadas por trabajadores debido a las demandas de los beligerantes europeos.

Nueva York, Pittsburgh, Chicago y muchas otras ciudades tenían una escasez de mano de obra que necesitaba ser atendida. Anteriormente, las compañías a menudo empleaban a afroamericanos como rompehuelgas, por lo que ya había un precedente de emplear gente del sur. En el caso de la década de 1910, fue solo como rompehuelgas, pero la necesidad de más trabajadores para satisfacer la demanda, a menudo regulada para los peores trabajos y los trabajos peor pagados, todavía era una oportunidad que a menudo estaba cerrada para los afroamericanos.

El segundo factor clave que llevó a los afroamericanos a mudarse a un lugar nuevo y extraño fue la persistencia de las duras condiciones del Sur. Con el final de la Reconstrucción, los blancos en el Sur se movieron rápidamente no solo para privar de sus derechos a los afroamericanos, sino también para limitarlos económica y socialmente. Entre 1890 y 1910, todos los estados de la antigua Confederación celebraron convenciones constitucionales estatales que restringían el acceso al voto. Los impuestos electorales, las pruebas de alfabetización y las pruebas de comprensión, entre otros métodos, se utilizaron para negar a los afroamericanos el derecho al voto.

Además de la supresión de los votantes, se establecieron restricciones económicas y sociales para mantener a los afroamericanos fuera de la estructura de poder de la sociedad sureña. Se promulgaron leyes para mantener separados a negros y blancos en todas las áreas públicas. Estas leyes se llamaron leyes Jim Crow, y el Tribunal Supremo determinó que eran constitucionalmente aceptables en el fallo de 1896 de Plessy contra Ferguson. En la opinión de la corte, siempre y cuando los espacios estuvieran "separados, pero fueran iguales", entonces era legal. La era de Jim Crow duraría hasta bien entrada la década de 1960.

Económicamente, a los afroamericanos les resultaba casi imposible poseer una propiedad en el Sur, en parte porque no tenían ninguna riqueza después de la esclavitud, pero también porque no tenían medios para acumular riqueza después de la Reconstrucción. La mayoría de los antiguos esclavos regresaron a sus antiguas plantaciones o encontraron empresas agrícolas similares y entraron en una práctica económica muy injusta de aparcería. A través de dicho sistema, los agricultores afroamericanos se mantuvieron en un ciclo constante de deudas.

Aquellos afroamericanos que pudieron comprar sus propias propiedades, a menudo fueron intimidados u obligados a renunciar a sus tierras o negocios, a veces de una manera muy brutal. En el transcurso del período posterior a la Reconstrucción (1877) hasta 1950, más de 4.000 afroamericanos fueron linchados por turbas blancas. En todos los casos, el linchamiento era un método extralegal para intimidar a las comunidades afroamericanas del sur. Se dejaban en exhibición cuerpos mutilados para aterrorizar a los afroamericanos y recordarles la jerarquía de poder en el trabajo en el Sur. Técnicamente, los afroamericanos estaban libres de la esclavitud, pero la sociedad sureña se parecía notablemente a la sociedad anterior a la Guerra Civil.

Agregada de la severa represión que enfrentaron los afroamericanos en el sur de la postguerra, se produjo una recesión agrícola que asoló la región en la década de 1910. Una serie de malas cosechas de algodón y luego una infestación con gorgojo devastaron la agricultura del sur. Con poco trabajo disponible y muchas razones para irse, la demanda laboral de la Primera Guerra Mundial fue una bendición para los afroamericanos. Durante los años de guerra, 1914-1918, cerca de medio millón de afroamericanos se mudaron al norte. En la década de 1920, más de 800.000 afroamericanos ya se habían mudado. La Gran Depresión desaceleró la migración, pero todavía cerca de 400.000 personas se mudaron durante la década de 1930. Para 1940, casi dos millones de afroamericanos se habían mudado del sur al norte.

Al igual que los Okies en California, los afroamericanos trajeron su cultura con ellos a las ciudades del norte. La comida, la religión y la música afroamericanas tuvieron un fuerte impacto en la cultura urbana y la cultura general de los Estados Unidos. Sin embargo, a diferencia de los Okies, los afroamericanos enfrentaron una gran discriminación y segregación para comprar o alquilar propiedades en las principales ciudades de los Estados Unidos. Además, muchas instituciones blancas negaron a los afroamericanos servicios en áreas tales como seguros, funerarias y servicios médicos. Estos, entre otros pequeños negocios, se convirtieron en la columna vertebral de los barrios afroamericanos en ciudades como Nueva York y Chicago. Servir a la comunidad negra generó una gran riqueza para muchos afroamericanos, y la pudieron traducir en poder financiero y político.

Por la Gran Depresión, como tantas otras comunidades económicas, los enclaves afroamericanos en las ciudades también fueron duramente afectados. Más del 50 por ciento de los trabajadores negros estaban desempleados en Chicago, Detroit y Pittsburgh. Sin embargo, en el sur, el desempleo afroamericano alcanzaría el 70 por ciento. Muchos de los programas del Nuevo Acuerdo, incluido el Seguro Social, ofrecieron poca asistencia a los afroamericanos, pero los líderes de los barrios del Norte hicieron todo lo posible para cerrar la brecha de la comunidad afroamericana. Por ejemplo, Gus Greenlee, un destacado propietario de un club nocturno en Pittsburgh proporcionaría a las familias necesitadas pavos y otros comestibles para Navidad en todo el Distrito Hill.

Aunque todavía los afroamericanos eran muy discriminados en todo Estados Unidos, creían que Franklin Roosevelt al menos escucharía sus preocupaciones. Roosevelt triplicó el número de afroamericanos que trabajaban en el gobierno federal y nombró al primer juez afroamericano. Aprovecharon a un número de afroamericanos para actuar como asesores especiales de un número de miembros del gabinete y se formó un "gabinete negro" informal para asesorar al presidente sobre cuestiones que afectaban a la comunidad afroamericana. Uno de los miembros más famosos de este grupo fue la amiga íntima de Eleanor Roosevelt, Mary McLeod Bethune, una voz destacada por los derechos de las mujeres afroamericanas. A medida que la depresión llegaba a su fin debido a la conversión a una economía de guerra, Roosevelt emitió una de las órdenes ejecutivas más importantes de su presidencia. La Orden Ejecutiva 8802 prohibió la discriminación racial en las prácticas de contratación de compañías involucradas en la industria de defensa nacional. Aunque estaba lejos de ser perfecta y las compañías encontraron formas de eludir la orden, fue una gran oportunidad para los trabajadores afroamericanos.

A finales de la década de 1930, la imagen demográfica de los Estados Unidos había cambiado considerablemente. Más de un millón de estadounidenses se habían reubicado en un intento por encontrar una mejor oportunidad. Los afroamericanos continuaron un movimiento desde la antigua Confederación hacia las ciudades del norte. Cuando la demanda de mano de obra volvió a aumentar durante la Segunda Guerra Mundial, el mayor movimiento de afroamericanos se produjo cuando más de 3 millones de personas se mudaron, incluyendo nuevos destinos al oeste, especialmente Los Ángeles. Durante la Gran Depresión y después, el sur de California se transformó por la cantidad de gente que se mudó, pero también por la cultura que trajeron consigo. En la década de 1950, California era tan diversa como cualquier estado de la nación.

Capítulo 10: Problemas y Preocupaciones Internacionales Durante la Depresión

Al comienzo de la Depresión, el enfoque del gobierno de los EE. UU. se centró, comprensiblemente, en los problemas internos, especialmente la economía y las diversas crisis que enfrentaba la nación. La inestabilidad bancaria, el desempleo, los mercados financieros en ruinas y muchos otros problemas internos estuvieron al frente y en el centro durante la administración Hoover y el primer mandato de la presidencia de Roosevelt. Sin embargo, la Gran Depresión fue más que un acontecimiento americano. Fue un desastre global que llegó a todas partes del mundo. Al igual que Estados Unidos, los gobiernos luchaban por encontrar soluciones a problemas graves. En algunos casos, esas soluciones se parecían a las actividades de los Estados Unidos, modificando el capitalismo, pero no abandonándolo. Tampoco muchos países abandonaron el gobierno democrático y liberal.

En Gran Bretaña, la depresión no produjo una caída tan grande como la que experimentara Estados Unidos. Gran Bretaña todavía se estaba recuperando de la Primera Guerra Mundial. Cuando el mercado de valores se derrumbó en 1929, el famoso economista John Maynard Keynes predijo que el colapso tendría poco efecto en Londres. A medida que disminuía el comercio de Estados Unidos, la situación se volvió más grave. El gobierno británico trató de mantener el comercio a flote dentro de los países e imperios de la Commonwealth, manteniendo bajos los aranceles, pero elevándolos para los extranjeros. Desafortunadamente, esto tuvo efectos devastadores. Casi no había demanda de productos británicos, y los centros industriales de Gran Bretaña, especialmente los del noreste de Inglaterra, Gales e Irlanda del Norte, fueron particularmente afectados. En algunas áreas, la tasa de desempleo alcanzó el 70 por ciento. En el peor de los casos, hasta el 25 por ciento de la población británica vivía con una dieta de subsistencia.

Sin embargo, a diferencia de los Estados Unidos, existían protecciones previstas. Había un sistema de pago para los desempleados, llamado el paro. El gobierno británico también tenía un seguro de salud nacional. Ambos programas comenzaron en 1911 y durante la crisis de la década de 1930 se ampliaron para alcanzar a más de la población. El aumento en los gastos frenaría cualquier recuperación económica, pero Gran Bretaña resistió la tormenta.

Mientras tanto, el otro aliado de Europa occidental en la Primera Guerra Mundial, Francia, no experimentó muchos de los problemas que aquejaron a Gran Bretaña y Estados Unidos. Dos factores clave atenuaron el efecto de la Depresión en Francia. Primero, Francia y los ciudadanos franceses no tenían ni de cerca la cantidad de capital invertido en las bolsas mundiales, como los ingleses y los estadounidenses. En segundo lugar, Francia no tenía las enormes empresas industriales que dominaban las economías de Gran Bretaña y Estados Unidos. La economía francesa era decididamente más pequeña en escala, pero cuando comenzó la crisis, estaba menos abierta a las vulnerabilidades. El desempleo francés nunca alcanzaría los niveles de Estados Unidos o Gran Bretaña, y aunque hubo dificultades económicas más adelante en la década, en última instancia, Francia sobrevivió a lo peor de la depresión con pocas cicatrices.

El otro aliado en la guerra, Rusia, ahora formaba la mayor parte de la Unión Soviética. En su mayor parte, el gobierno comunista era visto con absoluta hostilidad o, por lo menos, sospechoso. Después de que Rusia saliera de la Primera Guerra Mundial, estalló una guerra civil en el país entre el Ejército Rojo, liderado por Vladimir Lenin y León Trotsky, y el Ejército Blanco, dirigido por oficiales militares rusos recién salidos de la guerra contra Alemania. Alexander Kolchak era un ex almirante de las fuerzas zaristas y Nikolái Yudenich un ex general. El ejército blanco era respaldado por los británicos y los americanos. Para 1923, las fuerzas rojas salieron victoriosas, pero con grandes costos para Rusia. La devastación combinada de la Primera Guerra Mundial y la Guerra Civil Rusa casi paralizó la región.

Después de la guerra civil, los líderes de la facción Roja trabajaron para consolidar el poder, especialmente en las numerosas repúblicas más pequeñas de Europa del Este. Como resultado, gran parte de Europa del Este estaba bajo el control de Moscú y el liderazgo comunista. Lenin seguía siendo el jefe del régimen comunista, pero su salud estaba disminuyendo rápidamente debido a una serie de derrames cerebrales. Muchos habían supuesto que Trotsky sería el nuevo líder, pero un miembro más joven del Comité Central del Partido Comunista, Joseph Stalin, había estado aumentando su poder dentro del partido. Después de la muerte de Lenin en 1924, a pesar de una declaración final del exlíder para elevar a Trotsky y aislar a Stalin del comité, Stalin se convirtió en el secretario general de la Unión Soviética.

Stalin no perdió mucho tiempo en despachar a sus enemigos y antiguos aliados. Para 1928, Trotsky fue sentenciado al exilio eterno de la Unión Soviética. Durante gran parte de la década de 1920, Stalin se centró en la reestructuración de la economía al hacer que el estado tomara el control completo de la industria y formara granjas colectivas para la agricultura en toda la Unión Soviética. Las políticas no eran particularmente populares, especialmente entre la clase campesina, pero no se podía negar el surgimiento del estalinismo.

El impulso para mejorar la economía y el trabajo hacia el pleno empleo significaba que cuando la Depresión devastaba las democracias occidentales del mundo, la Unión Soviética en gran medida salió ilesa. En algunos casos, trabajadores de Alemania y Estados Unidos viajaron a la URSS en busca de trabajo. Durante la década de 1920 y hasta la década de 1930, los trabajadores fueron educados y se les dio acceso a atención médica. A las mujeres se les concedieron los mismos derechos, al menos según la ley, que a los hombres y formaron parte de la fuerza laboral en un porcentaje mucho mayor. Quizás lo más importante, debido a un programa de inmunizaciones para todos los niños en la URSS, la esperanza de vida aumentó en casi veinte años en la década de 1950.

Sin embargo, este progreso ocultaba una brutalidad verdaderamente sorprendente. A partir de la década de 1930, se suprimió toda religión organizada. Durante la era leninista, la Iglesia ortodoxa fue objeto de persecuciones, pero bajo Stalin se suprimieron todas las religiones. Más asombroso fue el tratamiento de los enemigos políticos bajo Stalin. Desde 1936 hasta 1938, se llevaron a cabo una serie de juicios, solo con fines de exhibición, que eliminaron a todos los miembros del partido que habían formado parte de la Revolución Bolchevique en 1917. 1.108 de los 1.966 funcionarios del partido vinculados a la historia de la URSS fueron arrestados, llevados a un juicio amañado, y ejecutados o exiliados. Debido a los lazos del Ejército Rojo con Trotsky, miles de oficiales del ejército fueron asesinados. Incluso Trotsky, que vivía en el exilio en México, fue encontrado asesinado en 1940. La purga se extendió a cualquiera que se considerara un enemigo del estado, más precisamente, un enemigo de Stalin. Los arrestos masivos, las deportaciones y las reclusiones en campos de internamiento fueron la norma en la URSS estalinista. Solo en un año, 1937-1938, cerca de 700.000 personas fueron baleadas por la Policía Secreta Soviética, la NKVD.

La mayor parte del número de muertos se mantuvo oculta del resto del mundo, pero los juicios de altos funcionarios fueron ampliamente publicitados. Muchos gobiernos denunciaron el trato a los presos políticos y sostuvieron que los procedimientos judiciales eran una broma. Sin embargo, el Partido Comunista de los Estados Unidos (PC EE. UU.) se dividió con respecto a los juicios, muchos miembros apoyaron a Stalin y dijeron que lo que estaba sucediendo en la URSS era un mal necesario. Además, la crítica a Stalin por parte de los líderes democráticos occidentales fue simplemente una cuestión de envidia. Stalin y su nación estaban sobreviviendo, mientras que las otras naciones del mundo se tambaleaban al borde de la bancarrota. El fuerte apoyo que gran parte del PC EE. UU. mostró que Stalin lastimó severamente a la organización, tanto en su membresía como en la percepción pública.

El comunismo fue una de las tres formas de teoría política que dominó gran parte del mundo posterior a la Primera Guerra Mundial. Estados Unidos, Francia y Gran Bretaña, entre muchas otras naciones, representaban la democracia liberal y el capitalismo. Otra filosofía, con raíces en el siglo XIX, tomó forma en Italia después de la guerra. El fascismo era una forma autoritaria de gobierno que estaba en el extremo derecho del espectro político. En Italia, después de la guerra, los insurgentes comunistas intentaron organizar a la gente de izquierda, especialmente a los trabajadores en las diversas industrias en toda la península. Benito Mussolini y el Partido Nacional Fascista que lideraba utilizaron los disturbios para someter a los huelguistas y ganar el favor de los industriales del país.

Ganando popularidad, especialmente entre las fuerzas armadas, incluidos los policías locales, Mussolini continuó oponiéndose violentamente a los sindicatos y socialistas de cualquier tipo. Finalmente, los fascistas no solo atacaron las oficinas del partido y las casas de los miembros, sino que se apoderaron de ciudades enteras. Cuando Mussolini y su partido se mudaron a Roma en 1922, era casi un hecho consumado que se convertiría en el líder indiscutible del país. A finales de octubre, el monarca mascarón de proa de Italia nombró oficialmente a Mussolini como primer ministro. Con la monarquía, los industriales e incluso la Iglesia católica apoyándolo, dentro de tres años Mussolini eliminaría el cargo de primer ministro y se nombraba a sí mismo Il Duce, o líder supremo.

El fascismo subyacente era una serie de ideas clave que, al menos inicialmente, eran atractivas para muchos, no solo en Italia, sino en todo el mundo. Muchos fueron los que repudiaron la enormidad de la devastación de la Primera Guerra Mundial, pero algunos la vieron como el nuevo orden del mundo. Las aplicaciones tecnológicas que se utilizaron para hacer la guerra hicieron pensar a algunos de que se podía lograr un estado de guerra total. En un estado fascista, el objetivo era movilizarse permanentemente. En gran medida, el fascismo también se basó en el entusiasmo de las masas. Grandes manifestaciones, miembros que vestían uniformes y actividades grupales (generalmente con resultados violentos) fueron medidas para ganar seguidores. Para mantener tal entusiasmo, se necesitaba un líder carismático fuerte.

Desde una perspectiva más ideológica, el fascismo no fue una reacción a los resultados de la Primera Guerra Mundial, donde cuatro grandes monarquías del mundo fueron derrocadas, sino a eventos anteriores al conflicto de 1914-1918. En esencia, el fascismo fue una respuesta a la Ilustración y la Revolución francesa. En lugar de creer en los derechos individuales y en la fuerza de la razón, la doctrina fascista abrazó la jerarquía, el irracionalismo y el emocionalismo. La jerarquía se extendió más allá del orden social, como el apoyo a las monarquías y otras figuras de la autoridad, pero también a una jerarquía racial. Mussolini fue especialmente hábil para explotar los temores de los italianos a la inmigración africana.

Lo más importante para el fascismo fue la idea del estado. En una nación perfecta, que constantemente demostraría su valía en la guerra, el estado y la devoción al mismo eran el pináculo de ser un buen ciudadano. De acuerdo con Mussolini en su obra, *La Doctrina del*

Fascismo (1932), "La concepción fascista del Estado lo abarca todo; fuera de él no pueden existir, y menos aún valer, valores humanos y espirituales". El objetivo era dominar al resto del mundo inferior a través de la guerra mientras el país de origen continuaba produciendo las máquinas necesarias para hacer la guerra total.

Mientras que la Depresión superaba a otros países de Europa occidental, Italia se mantenía fuerte. Al igual que Francia, Italia no estaba tan dominada por corporaciones masivas ni la economía dependía mucho de los mercados financieros. La desaceleración mundial del comercio perjudicó a Italia tanto como a cualquier país, pero el desempleo nunca alcanzó los niveles de Estados Unidos o Gran Bretaña.

Al igual que la Unión Soviética y el comunismo, Italia y el fascismo tuvieron muchos admiradores. Muchos ciudadanos buscaban una alternativa a la democracia y al capitalismo, y el fascismo parecía una opción viable. Las tensiones raciales y étnicas, junto con un llamado a una mayor fuerza, tuvieron eco en gente de todo el mundo.

En ninguna parte del mundo el atractivo del fascismo fue más grande que en Alemania. Después de la Primera Guerra Mundial, la nación alemana estaba en un estado totalmente abatido. El pueblo estaba cerca de la inanición; la economía estaba en ruinas, su estructura de gobierno destruida y, para colmo, habían sido derrotados por un enemigo de larga data. La sensación de humillación y vergüenza era palpable en Alemania después de la guerra.

Con la abdicación al trono del Kaiser, la estructura del gobierno alemán necesitaba ser completamente revisada. Como parte del Tratado de Versalles, la delegación alemana acordó establecer una república democrática en el nuevo estado alemán rediseñado. Por primera vez, muchas regiones de Alemania tuvieron un proceso electoral. La República de Weimar tenía la tarea de guiar a Alemania a través del doloroso proceso de recuperación de la guerra.

Inmediatamente después de la guerra, la recuperación probablemente parecía imposible. Las condiciones eran terribles, y una generación entera de hombres había sido diezmada por los estragos de la guerra. Pero a mediados de la década de 1920, Alemania estaba mostrando un crecimiento decididamente positivo. La industria alemana se encontraba entre las más grandes de Europa, y la vida cultural florecía bajo la República de Weimar. Berlín era el lugar para estar en Europa, y aunque la nación todavía se estaba recuperando, la inversión extranjera estaba volviendo.

La República de Weimar estaba lejos de ser perfecta y soportaba grandes críticas de ambos lados del espectro político. Los comunistas y los socialistas intentaban trabajar para el gobierno o para socavarlo, dependiendo de la situación. En el lado opuesto del espectro político había un nuevo partido, el Partido Nacional Socialista, mejor conocido como Partido Nazi.

Al principio, los nazis no ganaron mucha simpatía entre el pueblo alemán. Estaba compuesto en gran parte por veteranos descontentos de la guerra y por radicales que creían que el gobierno de Weimar se les estaba imponiendo, independientemente del éxito actual que tuvieran. Los acontecimientos en Italia y el mensaje de Mussolini, tuvieron mucha influencia sobre los nazis que trataron de emular el éxito italiano de marchar sobre Roma. Los nazis intentaron hacerse del gobierno mediante un ataque contra Múnich. El Beer Hall Putsch (intento de Golpe en la Cervecería) de 1923 fue el primer intento de los nazis de tratar hacerse cargo del gobierno de Alemania. Fracasó miserablemente. El líder del partido, Adolf Hitler, fue encarcelado durante 18 meses por el intento de golpe. Mientras estaba en prisión, Hitler escribió *Mein Kampf* (Mi Lucha) que, como la Doctrina de Mussolini, describía lo que Hitler creía. A diferencia de la obra de Mussolini, no fue un reflejo, sino un pronóstico. Hitler fue liberado y decidió que un ataque paramilitar completo no era la forma de avanzar en su agenda. En cambio, él y el Partido Nazi decidieron trabajar a través del sistema de Weimar y esperar una oportunidad.

La Depresión fue particularmente dura en Alemania. Fue la nación más afectada de Europa occidental. Alemania había pasado la última década construyendo su fuerza industrial, y cuando el comercio mundial se frenó, la economía alemana también se detuvo. La crisis global produjo un terreno fértil para que el Partido Nazi hiciera campaña y compartiera sus ideas. En el fondo, los principios nazis reflejaban las mismas nociones que el fascismo italiano. Se necesitaba un líder fuerte para poner fin a la situación actual. Además, Alemania estaba destinada a la grandeza, si no hubiera sido traicionada por el final prematuro de la guerra. Hitler y los nazis perpetuaron la idea de que sus principales opositores políticos, todos los demócratas liberales dentro de Weimar, fueron los "criminales de noviembre" que vendieron Alemania a Francia y Gran Bretaña.

La idea de la jerarquía social y racial también fue un elemento clave del mensaje nazi. El miedo y los prejuicios que los nazis aprovecharon fueron contra los judíos que vivían en Alemania. Además de la minoría étnica de los judíos, el Partido Nazi también se enfocó en otros partidos políticos que también intentaban perturbar a Alemania. Al igual que los fascistas italianos, los nazis fueron vistos como la mejor alternativa a los socialistas y comunistas. Para 1930, el mensaje estaba funcionando. El partido nazi obtuvo suficientes votos para convertirse en el segundo partido político más grande de Alemania.

La Depresión empeoró en Alemania a medida que el número de trabajadores desempleados aumentó de 4 millones a 5,6 millones en 1931. La desilusión que el pueblo tenía con el gobierno de Weimar aumentaba, y en 1932, el Partido Nazi era el mayor partido político en Alemania, dominando la Legislatura alemana, el Reichstag. Los políticos centristas y conservadores creían que, si incluían a Hitler en su gobierno de coalición, tal vez podrían controlarlo y, por extensión, al resto del Partido Nazi.

Sin embargo, los nazis demostraron ser demasiado poderosos como para que los controlaran, incluido Hitler. Después de ser nombrado canciller en 1933, Hitler y sus lugartenientes se movieron rápidamente para consolidar su poder en todos los niveles de gobierno. Después de que un incendio misterioso incendiara el Reichstag, Hitler recibió poderes de emergencia, casi absolutos, para hacer frente a la crisis. Los opositores políticos fueron arrestados y se formó la Gestapo, la policía secreta de la era nazi. A finales de año, el Partido Nazi fue declarado el único partido político legal en el país.

Para Adolf Hitler la hegemonía política estaba casi completa a finales de 1933. A menudo se señala que Franklin Roosevelt y Hitler llegaron al poder en el mismo año, aunque por medios muy diferentes. En 1934, mientras Roosevelt estaba trabajando para obtener el Nuevo Acuerdo a través del Congreso, Hitler estaba terminando su agenda de convertirse en el líder supremo, el Führer de Alemania. Hitler se ganó al ejército de Alemania dándole una autonomía casi completa. También prometió disolver una de las organizaciones paramilitares dentro del Partido Nazi, la SA, o camisas pardas. Lo que había comenzado como poco más que una guardia de honor en los primeros días del Partido Nazi, las SA se habían convertido en una organización poderosa por derecho propio, rivalizando con el ejército en mano de obra. En el verano de 1934, ocurrió la Noche de los Cuchillos Largos. El líder de las SA y muchos de sus oficiales más leales fueron arrestados y ejecutados sumariamente. Con la SA controlada, la clase de oficiales del ejército alemán acordó respaldar a Hitler cuando murió el presidente del país y convertirlo en canciller y presidente de Alemania, jefe de estado y jefe de gobierno. Esto ocurrió antes de lo que muchos pensaban, y para finales del verano de 1934, Hitler ocupó ambos cargos y asumió el título de Führer.

Como se mencionó anteriormente, una de las principales teorías subyacentes al fascismo eran las ideas de guerra total y preparación militar. Con ese fin, Hitler esbozó un ambicioso plan para rearmar al ejército alemán. Aunque el Tratado de Versalles prohibía tales procedimientos, Alemania continuaría construyendo sus fuerzas armadas mientras que el resto del mundo simplemente se encogía de hombros. Parte de esto podría deberse a que la mayoría de los países occidentales veían a la Alemania nazi como una contención entre Rusia y el resto de Europa occidental. Francia y Gran Bretaña tampoco estaban en condiciones de oponerse a la acumulación de poder militar de Alemania. La siguiente fase de la Alemania nazi fue reintegrar a Alemania las tierras incautadas por los aliados al final de la Primera Guerra Mundial. El primer caso fue una pequeña área entre Francia y Alemania, el Sarre. Los británicos y los franceses acordaron que, si los residentes del área votaban para volver a unirse a Alemania, entonces se les permitiría hacerlo. Con una gran ayuda del Ministerio de Propaganda en Alemania, más del 90 por ciento de los residentes votaron para reunirse con Alemania. Los siguientes intentos de recuperar territorio no fueron tan fáciles como un simple voto.

Para cumplir la visión fascista del mundo, las naciones "más grandes" necesitaban finalmente conquistar a las más débiles. El primer país fascista en Europa occidental, Italia, también fue el primero en invadir otro país. En 1935, Italia, en un intento de expandir su influencia mundial, invadió Etiopía. La Liga de las Naciones no pudo detener la agresión de Italia, y las potencias occidentales de Francia, Gran Bretaña, por no mencionar a Estados Unidos, no hicieron nada. Tomando esta inacción como cobardía, Hitler trasladó las tropas alemanas al territorio alemán de Renania. Esta fue otra violación flagrante del Tratado de Versalles. Era evidente que Hitler tenía poco respeto por el tratado.

La militarización de Renania fue motivo de preocupación, pero lo que llamó aún más la atención, especialmente entre la izquierda en los Estados Unidos, fue el estallido de la guerra civil española. El general Francisco Franco dirigió un golpe militar contra el gobierno republicano de España y tenía la intención de llevar al poder un régimen fascista en la Península Ibérica. Franco tenía poderosos aliados, incluida Alemania, que envió tropas de Italia y Portugal en forma de la Legión Cóndor. En oposición a los insurgentes, junto con los republicanos españoles, había tropas de la Unión Soviética, Francia y Estados Unidos, aunque el contingente estadounidense no fue reconocido oficialmente por la administración Roosevelt. Para muchos en el PC de EE. UU., la lucha en España era de vital importancia. Fue la primera oportunidad real de detener la propagación del fascismo. También coincidió con los principios del Frente Popular. No todos los que luchaban por la república eran comunistas, pero era una demostración de una coalición que luchaba contra la amenaza del fascismo. Los estadounidenses que fueron a España se organizaron como una brigada internacional. Tomaron el nombre de Brigada Lincoln porque luchaban por la supervivencia de la República española, similar a la lucha de Lincoln en la Guerra Civil estadounidense. De los 3.000 voluntarios que fueron al extranjero, murieron 681.

Es importante mencionar que toda la tensión internacional en el mundo no se centraba en Europa. A lo largo de la década de 1930, las relaciones entre los Estados Unidos y el Imperio de Japón se mantuvieron constantemente tensas. El militarismo japonés, al igual que el de Italia y Alemania, no fue controlado por la Liga de las Naciones. Japón primero invadió la región china de Manchuria en 1931. Cuando estalló la guerra civil en China entre las fuerzas comunistas y nacionalistas, Japón explotó la división y ganó territorio en toda la provincia. El número de escaramuzas en la región fue motivo de preocupación en todo el mundo, pero no se tomó casi ninguna acción al respecto. Gran Bretaña, la potencia occidental más grande de la región, se mostró reacia a enviar tropas a Asia debido al creciente temor de un conflicto europeo. Francia sentía lo mismo, y el ejército de los Estados Unidos no se consideró lo suficientemente fuerte como para ser una amenaza real. Al sopesar todos estos factores, Japón se comprometió plenamente con la acción en China y se emitió una declaración formal de guerra en julio de 1937.

Las tensiones mundiales a finales de los años treinta afectaban a todas las naciones, incluidos los Estados Unidos. La creciente rivalidad entre dos formas extremas de gobierno, el fascismo y el comunismo, puso a Estados Unidos en el centro de la escena mundial. Varias facciones dentro de los Estados Unidos apoyaron a cada bando del conflicto general. Muchos en la izquierda apoyaron a la Unión Soviética y a otras organizaciones que demostraban su apoyo a Alemania. Sin embargo, otras en los Estados Unidos, especialmente a finales de los años treinta, querían mantenerse completamente al margen de cualquier conflicto. El aislamiento era la consigna para la mayoría de los estadounidenses. Cuánto tiempo podía sostenerse esa postura era la pregunta que debía tener en cuenta Roosevelt.

Capítulo 11: La Tormenta que se Avecina y el Final de la Depresión

El 7 de diciembre de 1941, los Estados Unidos fueron atacados en la base naval de Pearl Harbor en el territorio de los Estados Unidos de Hawái. A finales de esa semana, Estados Unidos estaba en guerra en dos frentes. Uno se basó en gran medida en el océano Pacífico, luchando contra el Imperio de Japón. El otro estaba en el continente de Europa contra las naciones de Alemania e Italia. La mayoría de las naciones beligerantes habían estado en guerra desde 1939 y 1937 en Asia. Estados Unidos había permanecido en gran medida fuera de la refriega, al menos cuando se trataba de tropas reales en el terreno. En cuanto a elegir bandos y proporcionar ayuda, los estadounidenses habían dado a conocer en gran medida sus intenciones. Incluso antes de que Estados Unidos ingresara oficialmente a la guerra, esta estaba teniendo un impacto en el país. Mientras continuaba el segundo mandato de Franklin Roosevelt, surgió el conflicto más grande del siglo XX. Solo era cuestión de tiempo antes de que se extendiera a los dos océanos y llevara al conflicto al hemisferio occidental.

Durante el segundo mandato de Roosevelt, la economía estadounidense mostraría grandes signos de mejora. El desempleo había caído a menos del 15 por ciento, y la industria manufacturera estaba creciendo, al igual que las ganancias per cápita. Para el otoño de 1937 y durante la mayor parte de 1938, el desempleo aumentaría nuevamente, casi al 20 por ciento. La producción manufacturera se redujo en más de un tercio. Existía una gran preocupación que la nación comenzara nuevamente a deslizarse hacia la profundidad de la Depresión.

La culpa se extendió rápidamente a los conservadores orientados a los negocios y los liberales partidarios del Nuevo Acuerdo. Los defensores de las empresas expresaron que, por los prejuicios inherentes al Nuevo Acuerdo hacia los intereses corporativos, la recuperación siempre se retrasaría. Los defensores del Nuevo Acuerdo respondieron que se debía a que FDR había abandonado partes del Nuevo Acuerdo, especialmente cuando se trató de gastos. FDR estaba preocupado por equilibrar el presupuesto y no quería depender del gasto deficitario durante más tiempo del necesario. Además, culpar al Nuevo Acuerdo y a Roosevelt era fácil porque el presidente y su administración rápidamente se adjudicaban el crédito de cualquier signo de recuperación. Recibir críticas cuando las cosas iban mal era el contrafilo de esa espada en particular.

En realidad, la Recesión de Roosevelt, como se la conocería, probablemente se debió al ciclo económico natural más que a cualquier otra razón. Sin embargo, en ese momento, las dos partes se culparon mutuamente. El propio Roosevelt pensó que era un esfuerzo concertado de los principales republicanos y líderes empresariales que intentaban crear otra depresión para que el pueblo se volviera contra los demócratas en las próximas elecciones. Hizo que el FBI investigara a numerosas familias de empresarios por colusión. Nunca se encontró nada. La administración Roosevelt también tomó medidas más tangibles para detener la caída. En 1938 se envió al Congreso un gran proyecto de ley de gastos que, como los programas anteriores, inyectó dinero en la economía. Si bien el desempleo y la caída de la producción no llegaron a los malos niveles de principios de 1937, la recesión se detuvo por completo. Los acontecimientos en el extranjero, especialmente en Europa, estimularon la producción en los Estados Unidos.

Después de que Alemania volviera a ocupar la Renania en la primavera de 1936, Hitler se movió para mejorar su imagen y posición en el escenario mundial. Primero fue el gran espectáculo de los Juegos Olímpicos de 1936 en Berlín. La capital alemana se la vio mejor que nunca. Aunque era más fachada que otra cosa, los Juegos Olímpicos fueron un escaparate para Alemania y especialmente para Hitler. Más tarde ese año, Alemania e Italia firmaron una alianza, que según Mussolini resultaría en que el resto de Europa "girara en el eje entre Berlín y Roma". Más tarde, ese mismo año, en noviembre, Alemania y Japón firmaron el Pacto Anti-Comintern para detener la expansión de la Unión Soviética y el comunismo en todo el mundo. Aunque todavía le quedaban años para el futuro, las Potencias del Eje ahora estaban unidas entre sí.

Aunque tanto Alemania como Japón se veían a sí mismas como el verdadero poder en su alianza, ambas también estaban dispuestas a permitirle a la otra tener su propia esfera de influencia, Alemania en Europa y Japón en Asia. Los Estados Unidos y el hemisferio occidental no eran una gran preocupación. No obstante, desde el principio Italia fue decididamente un socio menor. Los objetivos para Europa eran predominantemente objetivos alemanes. Italia y Mussolini solo fueron aliados sin importancia.

Incluso antes de la anexión de Renania, un componente clave de la agenda nazi era el concepto de Lebensraum, o espacio vital, para el pueblo alemán. Después de la Primera Guerra Mundial, una gran parte de Alemania se dividió entre las naciones victoriosas. Cuando Hitler alcanzó el poder y ganó influencia en el mundo, su llamado a una Alemania más grande encontró muchos oídos receptivos, de ahí a la falta de reacción ante la toma de Renania. La siguiente parte de esta agenda era unir a Alemania con la otra antigua gran nación germánica, Austria. Al igual que Alemania, Austria había sufrido la derrota en la Primera Guerra Mundial. En una demostración de fuerza y solidaridad, el ejército alemán marchó sobre Austria sin encontrar oposición. Era una reminiscencia de un triunfo romano, excepto en las calles de Viena. El Anschluss, que significa Anexión, se completó en la primavera de 1938. En dos años, Alemania había extendido su esfera de influencia desde el Rin hasta el Danubio.

La expansión alemana no había terminado. En el otoño de 1938, sobre el territorio que limita con Checoslovaquia, conocido como los Sudetes. Para proteger a las minorías alemanas que vivían en el territorio, Hitler se preparó para invadir Checoslovaquia. El resto de Europa se opuso a tal acción, pero también se oponía a otra guerra importante. Gran Bretaña, Francia, Alemania e Italia se aliaron para evitar la guerra. El 30 de septiembre de 1938, el Acuerdo de Múnich fue firmado por los cuatro países antes mencionados. El acuerdo estipulaba que se le permitiría a Alemania hacerse con los Sudetes, siempre que no invadiera el resto de Checoslovaquia. El pueblo y el gobierno checos se horrorizaron y se sintieron traicionados. Una rápida mirada a un mapa muestra que el territorio checo restante estaba rodeado por un vecino hostil. El primer ministro británico, Neville Chamberlain, dijo sin ninguna vergüenza que el acuerdo resultaría en "paz para nuestros tiempos". En menos de un año, Gran Bretaña volvería a estar en guerra con Alemania.

Estados Unidos tampoco estaba ansioso por participar en otra guerra europea. En los casi 20 años posteriores al final de la Primera Guerra Mundial, muchos estadounidenses cuestionaban si los Estados Unidos deberían haberse involucrados. A medida que Alemania se volvía cada vez más beligerante, el Congreso de los EE. UU. comenzó a aprobar las "Leyes de neutralidad" para garantizar que el país no se viera arrastrado a otro conflicto. El objetivo final de las leyes era evitar que las corporaciones de los Estados Unidos vendieran materiales de guerra a naciones hostiles. Roosevelt se opuso a las leyes porque creía que perjudicarían a las naciones que eran amigas de los Estados Unidos. A medida que la guerra civil española se intensificara y Alemania comenzara su expansión, la renovación de 1937 de las Leyes de Neutralidad contenían una disposición destinada a complacer al presidente y evitar que se vetara la ley. La estipulación de "Cash and carry" (Cómpralo y llévatelo) en la Ley de Neutralidad de 1937 permitió a los países comerciar con los Estados Unidos, con la excepción de municiones, si llevaban los suministros en sus propios barcos y pagaban en efectivo por adelantado. Dado que Gran Bretaña y, en menor medida, Francia eran las potencias mundiales en el mar, eso significaba que las democracias occidentales y no Alemania probablemente serían las naciones que formarán parte del programa de cómpralo y llévatelo.

Durante gran parte de la década de 1930, Roosevelt fue en contra de la corriente. Muchos republicanos y demócratas del sur eran aislacionistas acérrimos, incluso cuando el mundo se hundía cada vez más en la guerra. En 1937, el mismo año en que se adoptó el cómpralo y llévatelo, Roosevelt dio su discurso de "cuarentena". Afirmó que Estados Unidos necesitaba poner en cuarentena a las naciones agresoras de todo el mundo para proteger los intereses estadounidenses. Si había esperado inspirar una preocupación internacional, Roosevelt fracasó. Parecía intensificar el estado de ánimo aislacionista del país. Incluso cuando Alemania tomó los Sudetes y en 1939 el resto de Checoslovaquia, el Congreso de los Estados Unidos aprobó otra Ley de Neutralidad y se negó a extender el cómpralo y llévatelo.

A medida que avanzaba 1939, la amenaza de una guerra a gran escala aumentaba cada mes. El siguiente objetivo de la expansión alemana era Polonia. Para la incredulidad del mundo, especialmente los comunistas que vivían fuera de la Unión Soviética, la URSS y Alemania firmaron un tratado de no agresión. El acuerdo comprometía a ambas potencias a no invadirse la una a la otra durante 10 años. En secreto, la Unión Soviética y Alemania acordaron repartirse Europa del Este en los años siguientes. Hitler estaba seguro de que los soviéticos no resistirían la invasión de Polonia. Incluso sin conocer el acuerdo secreto, el Partido Comunista de los Estados Unidos se dividió y perdió mucha credibilidad y apoyo, entre otros, de la izquierda estadounidense.

En agosto de 1939, los británicos firmaron un tratado con Polonia prometiendo luchar en su nombre en el caso de que fueran invadidos. No pasaría mucho tiempo antes que el acuerdo se pusiera en vigencia. El 1 de septiembre de 1939, Alemania invadió Polonia, comenzando la Segunda Guerra Mundial. Junto con los británicos, los franceses acudieron en ayuda de los polacos. Había pocas posibilidades de proporcionarles ayuda. Varsovia, la capital de Polonia, se rindió el 27 de septiembre.

Si bien los británicos y los franceses habían declarado la guerra a Alemania, hicieron muy poco para evitar la rápida derrota de Polonia. Las dos potencias occidentales esperaban que Alemania volviera su atención hacia el oeste. No tuvieron que esperar mucho. Durante la primavera siguiente, en 1940, los alemanes avanzaron hacia el norte de Europa, apoderándose de Dinamarca y Noruega en abril y de Bélgica, los Países Bajos y finalmente, Francia en junio de 1940.

A pesar de que Europa caía bajo el dominio alemán, muchos estadounidenses aún se oponían a involucrarse en la guerra. Cuando los británicos se enfrentaron a un feroz asalto aéreo alemán, recordado como el Blitz, se fundó el Primer Comité de América en los Estados Unidos. El grupo se oponía a cualquier intervención del gobierno de los Estados Unidos. El grupo creció hasta casi 1 millón de miembros en 1941. Sin embargo, el pueblo estadounidense estaba a favor de que Gran Bretaña ganara su batalla contra Alemania. Hubo un gran apoyo para ayudar a Gran Bretaña por todos los medios, salvo llegar a ser un participante en la guerra.

Con ese fin, Roosevelt propuso un programa para prestar materiales de guerra a las naciones que se oponían a Alemania y Japón. Roosevelt lo comparó con prestarle a un vecino una manguera para apagar un incendio. En teoría, las naciones que tomaron prestados los materiales lo devolverían a los Estados Unidos. En realidad, se devolvió muy poco y nadie realmente lo esperaba. El programa se hizo conocido como el programa Préstamo y Arriendo. Una vez que los EE. UU. entraran oficialmente en la guerra, el ejército de los Estados Unidos recibió contratos de arrendamiento sin costo entre muchos de sus aliados como medio de intercambio por todos los bienes provistos.

Con el advenimiento del Préstamo y Arriendo, la idea de neutralidad estadounidense estaba casi muerta. Como proclamara Roosevelt sobre el programa, significaba que Estados Unidos era el "Arsenal de la Democracia". Aunque la economía no era oficialmente una economía de guerra, prácticamente sí lo era. La tasa de desempleo cayó por debajo del 15 por ciento por segunda vez desde que comenzara la Depresión en 1940. En 1941, caería por debajo del diez por ciento por primera vez desde 1930. Estados Unidos había salido de la Depresión, con suerte, para siempre. Sin embargo, al igual que la Depresión, los años inmediatamente posteriores estuvieron marcados por tanto sacrificio y dedicación como la década anterior.

La discusión sobre el aislamiento y la neutralidad casi cesó el 7 de diciembre de 1941. El ataque japonés a Pearl Harbor fue uno de los ataques más devastadores en un territorio controlado por Estados Unidos. Ningún contemporáneo de la época podía recordar un acontecimiento similar. Si bien hubo valores atípicos durante la Segunda Guerra Mundial, la abrumadora mayoría de los americanos estaban a favor de entrar en la guerra. El ataque a Pearl Harbor fue una sorpresa para la mayoría de los americanos, pero las políticas estadounidenses en Asia hicieron que tal ataque de Japón, no de las otras potencias del Eje, fuera más probable.

Ya en 1937, cuando Japón invadió China, las relaciones entre Estados Unidos y Japón se tensaron. Estados Unidos declaró casi de inmediato que apoyaba a China en el conflicto. Las leyes de neutralidad de la década de 1930 limitaban con quién comerciaría y con quién no comerciaría Estados Unidos; Japón fue una de las primeras naciones en quedar excluida del comercio con los Estados Unidos. Acero, petróleo y otros materiales importantes necesarios para el esfuerzo de guerra de Japón ya no estaban disponibles en los Estados Unidos. Para 1940, Estados Unidos había manifestado abiertamente su apoyo a China contra los japoneses, entrenando soldados y pilotos y suministrándoles materiales de guerra a través del programa Préstamo y Arriendo.

Durante gran parte de 1941, Estados Unidos y Japón mantuvieron negociaciones para aliviar las tensiones entre los dos países y también para lograr una solución a otros conflictos en Asia. Parecía que la reducción de la tensión era posible. Después de que Alemania invadiera Rusia en el verano de 1941, el alto mando japonés vio su oportunidad de avanzar al sur hacia las Indias Orientales holandesas y envió más de 100.000 soldados a Indochina. Estados Unidos reaccionó con rapidez y dureza. Congeló todos los activos japoneses en bancos estadounidenses. Roosevelt también ordenó que todas las tropas en Filipinas fueran puestas bajo control de los Estados Unidos. Como castigo final, Estados Unidos negó a los japoneses el uso del Canal de Panamá.

Como era de esperar, las relaciones diplomáticas entre los dos países se volvieron casi inexistentes durante el resto de 1941. El comando militar en los Estados Unidos estaba seguro de que habría un ataque contra algunos estadounidenses que se encontraban en el Pacífico. La mayoría de los expertos estuvieron de acuerdo en que el ataque sería en Midway, Wake Island, Guam o incluso Filipinas. Nadie pensó que los japoneses se aventurarían tan lejos como Hawái y el hogar de la flota estadounidense del Pacífico.

El Congreso de Estados Unidos declaró la guerra al Imperio del Japón el 8 de diciembre de 1941. Poco después, Alemania e Italia declaraban la guerra a los Estados Unidos y los EE. UU. respondieron de la misma manera. Estados Unidos ya estaba saliendo de la Gran Depresión antes de la declaración oficial de guerra gracias a las necesidades industriales del Programa de Préstamo y Arriendo. Sin embargo, con Estados Unidos oficialmente en el conflicto, el desempleo cayó por debajo del 5 por ciento por primera vez desde 1929 y caería por debajo del 2 por ciento durante el resto de la guerra. A medida que aumentaba la necesidad de soldados, se emplearon segmentos de la población que no solían recurrir a trabajos industriales, especialmente mujeres. Después de doce años de dificultades económicas, la Gran Depresión finalmente había terminado.

Conclusión

Cuando finalmente se anunció la victoria en septiembre de 1945, el estado de ánimo de tantos estadounidenses era comprensiblemente festivo. Estados Unidos había derrotado a dos enemigos amenazantes y, parafraseando al difunto FDR, preservó al mundo para la democracia. Además, Estados Unidos fue el único gran combatiente que no sufrió una gran destrucción de su infraestructura y centros de población. En muchos sentidos, Estados Unidos fue el último país de pie después de una guerra terrible y costosa.

Sin embargo, esa posición conllevaba una serie de preocupaciones fundamentales, sobre todo lo que iba a suceder después de terminada la guerra. El mayor temor de muchos en la administración Truman era el regreso de la depresión. Los soldados volvían de miles, ansiosos por encontrar empleo y comenzar una nueva vida después de sobrevivir al crisol de la guerra. Los que habían trabajado en fábricas y campos, los participantes activos del "Arsenal de la Democracia", no estaban listos para dejar esos trabajos, incluso si esa era la expectativa. La visión de cientos de miles de soldados desempleados que se apiñaban en las ciudades y en todo el campo llenó a muchos de un sentido de urgencia.

La generación que vivió la Depresión y luchó en la guerra, ahora necesitaba mantener la economía de los tiempos de guerra para asegurarse de que no ocurriera otro colapso económico. A través de las administraciones Truman y Eisenhower, los grandes programas financiados por el gobierno federal fortalecieron la economía o prepararon a los soldados que regresaban para ingresar a la fuerza laboral. Los programas clave del Nuevo Acuerdo, especialmente la Seguridad Social, se mejoraron y ampliaron. En la década de 1960, Medicaid (programa administrado por cada estado que brinda cobertura médica integral a personas que tienen bajos ingresos) y Medicare (programa de seguro médico federal para personas de 65 años o más) seguirían los pasos de la Ley de Seguridad Social original. Las iniciativas domésticas de Lyndon Johnson para terminar con la pobreza, llamada la Gran Sociedad, fueron descendientes directos del Nuevo Acuerdo. Aquellos que vivieron la Depresión estaban decididos a no dejar que volviera a suceder.

De la misma manera, los estadounidenses de la clase obrera, aquellos que padecieron la peor parte de la depresión más severamente que nadie, estaban decididos a garantizar también su estabilidad económica. En lugar de exigir una mayor voz en la gestión y los medios de producción, los sindicatos estadounidenses se centraron en establecer y preservar el bienestar económico y futuro de sus miembros. Los sindicatos exigieron buenos seguros de salud y pensiones para sus empleadores. Los trabajadores también pudieron obtener grandes ganancias en salarios y, junto con generosos préstamos de la Administración de Vivienda Federal (FHA, por sus siglas en inglés) o préstamos a través de cooperativas de crédito, pudieron comprar la vivienda propia.

Las lecciones económicas de la Gran Depresión no se han olvidado por completo. La recesión económica del 2008 sirvió como un recordatorio doloroso. A diferencia de 1929, el gobierno, otra administración republicana, irónicamente, actuó rápidamente para evitar un colapso total. Si bien la economía se desaceleró drásticamente en 2008, nunca se acercó a la grave situación de la década de 1930. La Gran Depresión aún se vislumbra en la conciencia estadounidense. A medida que los debates sobre las tarifas y la reestructuración de la Seguridad Social continúen aumentando, esperemos que la Gran Depresión siga afectando el pensamiento y las políticas en el futuro.

Referencias

Brinkley, Alan. *El Fin de la Reforma: Nuevo Acuerdo Liberalismo en Recesión y Guerra.* Nueva York, Vintage Books, 1995.

Cohen, Lizbeth. *Haciendo Un Nuevo Trato: Trabajadores en Chicago 1919-1939.* Boston, Cambridge Press, 1990.

Denning, Michael. *El Frente Cultural: El Trabajo De La Cultura Estadounidense En El Siglo XX.* Nueva York, Verso Publishing, 1996.

Douglas, Ann. *Honestidad Terrible: Manhattan Mestiza en la Década de 1920.* Nueva York, Farrar, Straus y Giroux, 1996.

Erenberg, Lewis. *Balanceándose En el Sueño: La Gran Banda de Jazz y el Renacimiento de la Cultura Estadounidense.* Universidad de Chicago, Chicago Press, 1998.

Kennedy, David. *La Libertad Del Miedo: el Pueblo Americano en la Depresión y la Guerra,* 1929-1945. Londres, Oxford Press, 2001.

Mayo, Lary. *El Gran Mañana: Hollywood y la Política del Estilo Americano.* Universidad de Chicago, University Press, 2000.

Peretti, Burton. *La Creación Del Jazz: Música, Raza y Cultura en la América Urbana.* Chicago, University of Illinois Press, 1994.

Pells, Richard. *Visiones Radicales y Sueños Americanos: Cultura y Pensamiento Social en la Gran Depresión.* Chicago, University of Illinois Press, 1973.

Susman, Warren. *La Cultura como Historia: La Transformación de la Sociedad Estadounidense en el Siglo* XX. Washington DC, Libros Smithsonianos, 1984.

Vea más libros escritos por Captivating History

www.ingramcontent.com/pod-product-compliance
Lightning Source LLC
LaVergne TN
LVHW041647060526
838200LV00040B/1751